KB189031

글 김태훈

우리가 사랑한 빵집

성심당

남해의봄날 ✳

성심당의 현재를 가장 잘 설명해 주는 단어는 바로 '오픈런'
이다. 주말은 물론이고 평일 아침에도 줄이 제법 길게 늘어
선다. 1980년 5월, 튀김소보로가 처음 등장했을 때 대기 줄
이 길게 생긴 이래로 처음 나타난 풍경이다.

　　기업으로도 크게 성장했다. 재무제표의 매출을 보면 놀
라운 숫자를 확인할 수 있다. 이 책이 처음 출간된 2016년
에 407억 원이었는데, 2023년에는 1,243억 원을 기록했다.
7년만에 무려 세 배가 넘게 성장한 것이다. 특히 코로나 팬데
믹 이후에 기록한 숫자는 두 눈을 의심케 할 정도다. 2022년
에는 전년 대비 29.9%, 2023년에는 55.8%나 올랐다. 성심
당은 부동산 매매나 주식 투자 같은 다른 종류의 수익사업을
거의 하지 않는다. 즉, 빵만 팔아서 이렇게까지 성장했다는
의미다.

성심당이 미디어에 노출되는 양과 질도 현저하게 달라졌다. 대전이 언급되는 거의 모든 콘텐츠에서 성심당이 호출된다. 2022년 겨울 카타르 월드컵에서 우리 국가대표팀이 어렵사리 16강에 진출한 뒤 김민재 선수와 황인범 선수가 <유퀴즈 온 더 블록>이란 예능 프로그램에 초대 받은 적이 있다. 진행자가 대전의 아들이라 불리는 황인범 선수에게 대뜸 이런 질문을 했다.

"인지도 면에서 성심당보다 위라고 생각하는지?"

황선수는 계면쩍게 웃으며 이렇게 대답했다.

"성심당을 이길 수는 없는 것 같아요. 거기는 진짜, 저보다는 한참 위라고 생각해서. 저도 열심히 해서 성심당을 넘을 수 있도록 열심히 하겠습니다."

2024년 파리올림픽에서 펜싱 종목 금메달을 딴 대전시청 소속 오상욱 선수는 한술 더 떴다. 환영식을 마치고 대전시청을 방문한 그는 기자들 앞에서 이렇게 말했다.

"태어나고 자란 대전의 이름을 알릴 수 있게 돼 기쁩니다. 성심당의 명성을 뛰어넘는 오상욱이 되겠습니다."

스포츠 선수들만 성심당을 높이 평가한 것은 아니다. 문화체육관광부는 2023년 말 성심당을 '로컬100(지역문화매력 100선)'에 이름을 올리고 그해 처음 제정된 '지역문화대상' 수상자로 선정했다. 지역 문화와 지역 경제 활성화의 핵심 모델로 성심당을 높이 평가한 것이다. 전국의 지자체들도 자기 지역에서 성심당 같은 로컬 기업이 많이 성장하기를 바라고 있고, 지역에서 활동하는 사업자들 또한 제2, 제3의 성심당이 되기 위해 오늘도 땀을 흘린다. 성심당은 서울에 굳이 진출하지 않아도, 지역을 부러 떠나지 않고도 사업적으로 성공할 수 있다는 희망을 준다.

　　초판을 쓴 지도 어느덧 8년이 흘렀다. 사실 초고를 쓸 때는 외부 독자보다 성심당 내부 독자가 우선이었다. 2016년, 당시 60주년을 맞이한 성심당의 역사를 직원들과 생생하게 공유하는 것이 첫째 목표였다. 그래서 다른 무엇보다 '서사'에 집중했다. 역사의 변곡점에서 성심당이 어떤 선택과 행동을 했는지를 정확하게 이해하는 것이 성심인 공동체가 단단하게 성장하는 기초가 될 것이라고 믿었다.

　　이번 개정판은 외부 독자도 고려해서 몇 가지 글을 보탰다. 먼저 8년 사이에 성심당이 성장한 모습을 세세하게 담았다. 코로나 이후 지금 시대에 성심당의 경영법이 갖는 의미도 나름대로 짚어 봤다. 기왕이면 이 개정판이 성심당에서 뭔가를 배우고 싶은 분들에게 참고할 만한 단서들을 제공하기를 바란다. 특히 수도권보다는 지역 단위에서 성심당을 벤치마킹하고 싶은 분들에게 도움이 됐으면 좋겠다.

성심당은 어느날 갑자기 하늘에서 툭 떨어진 예외적인 사례가 아니다. 갖은 위기와 역경을 통과하면서 오랜 시간 벽돌 쌓아 올리듯이 오늘에 이르렀다. 누군가 내게 성심당의 성공 비결이 뭐냐고 묻는다면, '오랜 시간에 걸쳐 축적한 진실된 관계'라고 대답하고 싶다. 짧은 시간에 막대한 자원을 쏟아부어 놀라운 결과를 만들어 내는 우리나라 특유의 압축 성장 모델과는 상당히 거리가 있다.

하버드대학의 조지 베일런트 교수와 그의 제자 로버트 월딩거 교수가 2000여 명을 대상으로 80년 넘게 수행한 '성인발달연구'에 따르면 인간은 '관계' 속에서 진정한 행복을 느낀다. 친밀한 관계의 빈도와 질에 따라 행복의 정도가 결정된다는 것이다. 성심당이 따르는 EoC(Economy of Communion, 모두를 위한 경제) 경제 철학은 경제활동의 기본 사명이 '관계 회복을 통해 모든 사람들의 사랑과 행복을 증대하는 것'이라고 말한다. 이윤 추구 활동은 이 사명을 이루기 위한 하나의 수단일 뿐이다.

흔히들 비즈니스 세계는 정글처럼 냉혹하다고 말한다. 그런 면이 분명히 있다. 시장경제는 인간을 이기심을 기반으로 효율성을 추구하는 독립된 개인으로 본다. 하지만 모든 비즈니스가 정글 같아야만 할까? 애덤 스미스가 북쪽 스코

틀랜드에서 시장 중심으로 경제를 연구할 때, 남쪽 이탈리아에서는 사람 중심의 경제를 연구한 안토니오 제노베시가 있었다. 그는 <국부론>이 나오기 10년 전에 <시민경제학 강의(Lezioni di economia civile, 1765)>라는 책을 냈다.

시민경제에서 사람은 독립된 개체가 아니라 공동체 안에서 서로 영향을 주고받는 존재다. 시민경제에선 이윤보다 행복이 중요하고, 그 행복은 소득이 아닌 '관계'에서 온다고 믿는다. 조지 베일런트의 연구 결과와 정확하게 일치한다. 그래서 시민경제가 바라보는 시장과 기업은 형제애와 상호성, 그리고 무상성을 실천하는 장이다. "불행한 이웃을 곁에 두고 혼자서는 행복해질 수 없다"는 말도 이 맥락 속에서 나왔다. EoC 경제철학은 이와 같은 시민경제의 전통 위에서 1990년대 초에 정립됐다.

성심당은 EoC의 경제철학이 실천되고 있는 현장이다. 따라서 '관계'라는 열쇳말을 마음에 품고 이 책을 읽어 보시길 권한다. 성심당과 대전 시민, 성심당과 이웃 포장마차, 성심당과 롯데백화점, 성심당과 대전광역시, 성심당 경영자와 직원, 성심당 직원들과 손님 등의 다양한 관계들이 어떻게 형성되고 심화되며 발전하는지 탐색해 보면 또 다른 읽는 재미를 발견할 수 있을 것이다.

EoC의 대표학자이자 로마 룸사대학 경제학과의 루이지노 브루니 교수는 성심당에 대해 이렇게 말했다.

"성심당의 EoC 철학과 경영법이 퍼져 나가 10개 이상의 중소기업이 바뀌고, 또 그들이 EoC를 채택한 100개의 기업으로 성장한다면, 한국 경제의 구조 전체를 바꾸는 결정적인 계기가 될 수 있습니다."

독자 여러분도 지역사회에서 성심당처럼 시민경제를 실천해 보면 어떨까 싶다. 관계를 회복함으로써 행복의 총량을 증대하는 일에 힘을 보태면 우리 사회가 실제 어떻게 바뀔까? 이 책이 그 한 걸음을 내딛게 하는 작은 힘이 되어 주기를 감히 기대한다.

2024년 겨울
김태훈

우리가 사랑한 빵집 성심당, 목차

"성심당에 불났다!"

2005년 1월 22일 토요일, 저녁 미사를 마치고 8시쯤 성당 문을 열고 나왔을 때 미진은 꿈을 꾸는 것만 같았다. '성심당에…… 불이라고?' 번쩍 정신이 들면서 심장이 쿵쾅거리고 손발이 떨려왔다. 성당에서 성심당까지 90미터 거리에 불과했지만 아무리 걸음을 재촉해도 다리가 앞으로 나아가지 않았다. 급하게 건널목을 건너자 성심당 앞 사거리는 불구경하는 인파로 발 디딜 틈이 없었다. 큰불이라는 직감이 들었다. 미진은 걸음을 멈췄다.

'인파를 뚫고 가 본들 내가 할 수 있는 일이 뭐가 있지?'

화재는 이미 절정을 향하고 있었다. 소방차들과 소방관들의 분주한 움직임과 사이렌의 굉음 속에서 미진이 할 수 있는 건 아무 것도 없었다. 눈앞에 펼쳐지는 모든 광경이 그야말로 비현실적으로 다가왔다. 이런 일이 일어날 수도 있구나, 우리에게도 일어날 수 있구나. 그리고 '끝'이란 말이 떠올랐다. 어쩌면 이것이 성심당의 마지막일지도 모른다는 생각이 들었다.

○

불은 성심당 본점 뒤편 한 건물에서 시작됐다. 소방서가 밝힌 발화 시각은 오후 7시 37분, 미진이 한창 미사를 드리고 있던 때였다. 좁은 골목 사이에 있던 배전함에서 전기 합선으로 불이 붙었다. 이곳 은행동 일대는 대전이 생길 때부터 형성된 도심지라 노후 건물이 밀집해 있었다. 건물 사이가 1.5미터 정도밖에 안 되는데, 그마저도 가게들이 그 공간을 창고처럼 쓰면서 온갖 물건이 쌓여 있었다. 그 물건들이 화재의 징검다리 역할을 한 것이다.

그 시각 성심당 본관 3층 공장에서는 곧 다가올 설날과 발렌타인데이에 사용할 초콜릿을 대량으로 만들고 있었다. 어디선가 타는 냄새가 났지만 특별히 신경 쓰는 사람은 없었다. 그러나 얼마 후 상황은 급변했다.

'타다닥'

갑자기 스파크가 튀나 싶더니 전기가 끊겼다. 기계는 멈췄고 공장은 암흑에 파묻혔다. 도대체 무슨 일이지? 탄내가 나는 걸 보니 어디서 불이 난 걸까? 일단 여자 직원들을 건물 밖으로 대피시키고 남자 직원들은 남아서 상황을 좀 더 지켜보기로 했다. 2층 테라스키친과 1층 매장도 영업을 중단했다. 식사 중이던 손님, 빵을 고르던 손님도 모두 내보내고 직원들은 만일의 사태에 대비했다.

은행동은 어느새 소방차의 사이렌 소리로 요란했다. 연기는 점점 거세졌다. 갑자기 유리창 깨지는 소리가 들렸다. 불타던 옆 건물의 창문이 깨지면서 붉은 화염이 뿜어져 나왔다. 그 불길은 곧바로 성심당의 공장 외벽도 달구기 시작했다.

'우당탕탕!'

공장 외벽 일부가 열기를 이겨내지 못하고 무너졌다. 구멍이 뚫리자 불길은 거침없이 공장 안으로 파고들었다. 직원들도 사력을 다해 불길에 맞섰다. 한쪽에서는 소화전을 끌어와 불길에 대적했고, 다른 한쪽에서는 나머지 직원들이 2층부터 일렬로 나란히 서서 3층 화재 현장까지 물을 길어 날랐다. 그러나 옆 건물에서 기세가 오를 대로 오른 불길은 누그러들 기색이 없었다. 성심당 직원만으로는 역부족이었다.

화재 현장에서 사투를 벌이던 남자 직원들도 결국 후퇴할 수밖에 없었다. 3층까지 이어진 고가 사다리를 타고 한 명씩 탈출하기 시작했다. 하지만 마지막까지 불과 씨름하던 몇몇 직원은 불길에 쫓겨 옥상으로 대피했다. 옥상은 유독가스로 숨쉬기도 힘들었다. 조금만 더 시간을 지체하면 옥상 자체도 위험할 수 있었다. 직원들은 지붕벽을 타고 아직 불길이 번지지 않은 곳으로 엉금엉금 이동했다. 건물 모서리에서 이미 전기가 끊긴 전깃줄 더미를 밧줄 삼아 붙잡고 가까스로 땅으로 내려왔다. 다행히 성심당 직원 중에 다친 사람은 없었다.

○

미진은 걸음을 되돌려 다시 성당으로 향했다. 발걸음이 차츰 빨라지더니 어느새 뛰고 있었다. 미사가 끝난 성당은 모두 떠나고 텅 비어 있었다. 문을 열어젖히자 저 멀리 제단 위에 성체를 모신 감실이 눈에 들어왔다. 거친 숨을 가다듬으며 미진은 철퍼덕 무릎을 꿇었다.

　길 건너에는 성심당이 화염에 휩싸이고 있었다. 더는 희
망이 없어 보였다. 돌아가신 시아버지가 창업해 대를 이어
경영하던 그곳이 그야말로 벼랑 끝을 향해 달려가는 것처럼
보였다. 무너져 내리는 가슴을 기댈 곳은 이곳 성당밖에 없
었다.

　순간 감정이 북받쳐 오르더니 울컥 울음이 쏟아졌다. 하
염없이 눈물이 흘러내렸다. 눈물을 다 쏟아내자 어느새 마음
은 홀가분해지고 평안이 찾아왔다. 미진을 달리게 만들었던
혼란과 공포도 진정됐다. 바깥에선 한치 앞도 안 보이는 폭
풍이 불어닥치고 있지만 대흥동성당 안은 고요하기 그지없
었다. 미진은 가장 혼란스러운 그 순간에 역설적인 평화를
맛보고 있었다. 볼을 타고 흘러내리는 눈물을 씩씩하게 훔쳐
낸 미진은 다시 성당을 나와 성심당으로 향했다.

　남편 영진은 그때 대전에 없었다. 큰딸 선과 함께 서울
에서 열린 가톨릭 피정에 참가하고 있었다. 화재 소식을 듣
고 가족이 모두 대전에 모였을 때는 이미 밤이 깊었다. 아들
대혁은 군 입대를 앞두고 본점에서 아르바이트를 하고 있었
고, 막내딸 마리아는 중학생이었다. 뉴스 속보가 뜨면서 가
족들의 전화통도 불이 났다. 불길이 진화된 것을 확인한 가족
은 인근 식당으로 이동해 늦은 저녁을 함께 먹었다. 그 식당

의 텔레비전에서도 성심당 화재 소식이 나오고 있었다. 그러나 이상하게도 식사 분위기는 침울하지 않았다. 오히려 홀가분한 느낌에 더 가까웠다.

"만일 하늘의 뜻이 여기까지라면,
너희들은 이제 어떻게 할래?"

미진이 그랬던 것처럼 화재 현장을 지켜본 가족들 모두 '끝'을 예감했다. 내년에 창업 50주년을 앞두고 있었지만, 더는 이어갈 자신이 없었다. 게다가 성심당의 위기는 화재가 일어나기 10년 전부터 차곡차곡 쌓이던 중이었다. 원도심은 쇠락했고, 소비자들의 제과 트렌드는 바뀌었으며, 대기업 프랜차이즈의 공세도 날로 거세지고 있었다.

매장을 오가는 손님들은 여전히 많았지만 실적은 날로 쪼그라들었다. 빚은 눈덩이처럼 불어나 매년 갚아야 할 이자만 3억 6,000만 원에 달했다. 직원들 급여도 대출을 끼지 않으면 지급하기 어려운 상황에 몰려 있었다. 그 허덕임에서 벗어나려고 본관 옆 153번지 건물을 처분할 생각까지 했다. 탈출구가 보이지 않는 총체적인 난국이었다. 그런데 급기야 불까지 난 것이다.

가족이 한자리에 모였을 때 걱정 대신 홀가분한 분위기

가 만들어진 건 가톨릭 신앙이 독실했기 때문이기도 했지만, 지난 시간이 워낙 고단했기 때문이기도 했다. 어쩌면 이 불이 지난 10년간 누적된 걱정과 근심을 단번에 끝내는 계기가 될지도 몰랐다.

큰딸 선이 먼저 입을 열었다. 당시 성심당에 빚이 많아 정리하더라도 남는 재산이 거의 없다는 것을 선은 잘 알고 있었다. 불까지 났으니 형편은 더 어려워질 수밖에 없었다. 부모님에게 더는 짐을 지울 수 없다고 생각한 선은 대학을 휴학하기로 했다. 둘째 대혁은 군 입대를 앞두고 있으니 입대 시기만 조정하면 됐다. 그 정도면 이 난관을 어떻게든 넘길 수 있을 것 같았다. 그 시각 화마가 휩쓸고 간 성심당은 칠흑 같은 어둠만큼이나 검푸른 잿더미로 변해 있었다.

○

화재가 진압된 매장에 모인 직원들은 대부분 탈진 상태였다. 화재 진압에 매달렸던 남자 직원들은 물론, 치솟는 불길에 넋을 놓고 통곡하던 여자 직원들까지 모두 몸 안에 남아 있던 힘이 다 빠져나간 것 같았다. 눈앞에 펼쳐진 광경을 믿을 수가 없었다. 바로 몇 시간 전만 해도 주말 손님으로 북적이던 매장은 매캐한 연기에 휩싸여 폐허로 변해 버렸다.

3층 공장은 완전히 전소됐다. 발렌타인데이 초콜릿은 숯덩이로 변했고, 빵 만드는 데 꼭 필요한 고가의 기계들도 못 쓰게 됐다. 2층 카페테리아 '테라스키친'은 큰 피해가 없었지만 1층 매장은 4분의 1 가량이 불에 탔다. 옆 건물에 있는 성심당의 파스타 전문점 '삐아또'가 피해를 입으면서 1층 매장과 연결된 통로를 타고 들어온 불길이 번진 것이다.

이 상태로는 당분간 성심당 문을 열기 어려워 보였다. 이튿날 모든 직원이 회사로 출근했지만 당장 복구 작업을 펼칠 수도 없었다. 화재 원인을 찾는 감식 활동과 보험금 산정을 위한 조사 때문에 매장에 들어갈 수 없었기 때문이다. 직원들은 한 자리에 모여 이야기를 나누기 시작했다. 풍전등화 같은 회사의 운명을 놓고 저마다 의견과 생각을 나누었다.

말문이 열리자 분위기는 금세 달아올랐다. 직급과 경력에 관계없이 저마다 자기 의견을 펼쳤다. 대부분 위기를 극복하기 위한 아이디어들이었다. 전날 직원들을 짓눌렀던 절망의 그늘은 점차 사라지고 있었다.

"잿더미 속의 우리 회사 우리가 일으켜 세우자!"

직원들의 구호도 이때 나왔다. 이 구호를 현수막으로 크게 만들어 복구 현장 한가운데에 붙이기로 했다. 절망은 어느새 투지로 바뀌어 활활 타올랐다. 이 또한 역설이었다. 성심당의 경영자인 영진과 미진이 마지막을 예감하고 마음을 정리할 때 직원들은 반대로 마음을 다잡고 복구 의지를 불태웠다.

복구 작업이 시작되자 전 직원이 일사불란하게 현장에 투입됐다. 3층에 투입된 직원들은 손전등을 들고 집기 상태를 일일이 점검하기 시작했다. 못 쓰는 기계들은 철거하고 아직 쓸 만한 박스와 철판 등은 1층 길가로 옮겼다. 1층에는 세척조가 기다리고 있었다. 성심당 앞 길가의 포장마차들이 사용할 수 있도록 바깥으로 낸 수도꼭지 앞에 옹기종기 모여 집기 하나하나를 씻고 닦았다. 1월 말 엄동설한이었지만 어느 누구도 아랑곳하지 않았다. 자재부 직원들은 값싼 중고 기계를 사러 중고 시장을 누볐다. 비록 구형이었지만 발효실 기계와 같은 핵심 장비들을 하나둘 갖추기 시작했다.

○

회사를 살리겠다는 직원들의 자발적인 움직임이 영진과 미진을 다시 일으켜 세웠다. 좋은 회사, 따뜻한 직장을 만들려고 부단히 노력했지만 늘 한계에 부닥치던 그들이었다. 2001년에 법인으로 전환하면서 회사의 비전을 새로 세우고 그 가치를 직원들과 공유하려 애썼지만 돌아오는 메아리는 크지 않았다. 그렇게 조금씩 지쳐가고 있었다.

그런데 모든 것이 끝장난 줄만 알았던 화재 사건이 오히려 직원들을 똘똘 뭉치게 만드는 계기가 됐다. 그들이 몸담았던 성심당은 생각보다 훨씬 소중한 삶의 터전이었다. 직원들은 현장 복구 과정을 거치며 몰라보게 성장했다. 회사가 단순한 이해 집단이 아니라 하나의 운명 공동체라는 사실을 머리가 아닌 몸으로 깨닫기 시작한 것이다.

빵공장이 있던 3층은 전소되어 사용할 수 없었다. 다행히 케이크를 만들던 4층은 피해가 없어서 어렵게 구한 장비와 기계들은 4층에 자리를 잡았다. 작업장은 곱절로 비좁았지만 불평하는 목소리는 없었다. 마음이 한데로 모이자 나머지는 일사천리로 진행됐다. 직원들은 하나의 유기체처럼 움직였고, 제빵 기계들도 하나둘 가동되기 시작했다. 다시 빵을 만들 수 있는 환경이 마련되었다.

복구 작업이 시작된 지 5일째 되던 날, 4층에 마련된 임시 공장에서 드디어 밀가루 반죽을 빚었다. 1층 매장도 손님을 맞이하기 위한 보수 작업이 한창 진행됐다. 화재 피해를 입은 공간을 칸막이로 가렸더니 매장이 절반 규모로 줄었다. 그래도 다시 빵을 놓고 판매하는 데 부족함은 없었다.

이튿날 새벽 6시. 제빵사들의 손이 분주하게 움직이기 시작했다. 모양을 갖춘 생지가 하나둘 오븐으로 향했다. 빵 굽는 냄새가 다시 성심당을 가득 채웠다. 공장은 금세 생기가 돌았다.

오전 7시. 공장에서 완성된 빵들이 속속 1층 매장으로 내려와 자리를 잡았다. 절반짜리 매장이었고, 모든 메뉴를 다 마련할 수는 없었지만 앙금빵과 소보로, 카스텔라 등 구색은 최대한 갖추려고 노력했다.

오전 7시 40분. 드디어 매대 진열을 마쳤다. 직원들이 모두 매장에 모였다. 영진은 갓 구워낸 단팥빵 하나를 높이 들어 올렸다. 직원들의 눈에 금세 눈물이 맺혔다. 그리고 한참을 서로 부둥켜안고 울었다. 임직원이 하나가 되어 6일만에 일궈낸 기적이었다.

오전 8시 정각. 드디어 매장 문이 열렸다. 제일 앞에 셰프 복장을 한 영진과 미진이 섰다. "반갑습니다, 성심당입니다!" 모두 목소리를 모아 힘차게 인사했다. 성심당이 다시 문을 열기를 고대하며 길게 줄을 서서 기다리던 손님들이 하나둘 매장에 들어오기 시작했다. 손님들의 표정도 잔뜩 상기되어 있었다. 매장은 순식간에 손님으로 가득 찼다. 특별히 광고를 한 것도 아닌데 하루 종일 손님들의 발걸음은 줄어들 기미가 보이지 않았다. 단골손님들은 일일이 직원들과 눈을 맞췄다. 손을 덥석 잡고 가만히 안아주는 사람도 있었다.

"꼭 살아나야 한다."
"대전에 성심당이 없어지면 안 된다."
"예전처럼 다시 잘돼야 한다."

알고 보니 성심당이 화마에 휩싸여 벼랑 끝에 서 있을 때 같이 슬퍼하고 함께 걱정했던 대전 시민이 적지 않았다. 그들은 성심당의 눈물겨운 사투를 지켜봤고, 천신만고 끝에 다시 빵을 굽기 시작한 날 이른 아침부터 성심당을 직접 찾아와 격려를 아끼지 않았다. 그렇게 성심당의 가족은 회사 울타리를 넘어 확대되고 있었다. 매출도 화재 이전보다 30%나 올랐다. 반세기 동안 대전을 지켜온 성심당은 그렇게 새로운 전환점을 맞이하고 있었다.

바람 찬 흥남부두

1

2016년에 창업 60주년을 맞은 성심당은 오랜 역사만큼 깊은 이야기를 갖고 있다. 그 이야기는 오늘날 성심당의 본질이자 정체성의 근간을 이루고 있으며 그 안에 한국의 현대사가 고스란히 녹아 있다. 특히 한국전쟁이라는 비극의 현장이 오늘의 성심당을 있게 한 결정적인 배경이 됐다.

이야기를 가진 집단은 그렇지 않은 집단보다 생존 가능성이 높다. 이야기가 일치를 만들고 협동을 이끌어 내기 때문이다. 특히 위기 상황에서 이야기는 그 진가를 드러낸다. 위기가 닥쳤을 때 이야기는 집단을 결속시키고 마침내 위기를 극복하는 힘이 된다. 이야기는 '우리, 공동체'를 확인시켜 주고 협동의 이유를 찾아 준다.

특별한 이야기를 가진 도시는 어떨까? 부산 시민에게는 야구선수 최동원의 이야기가 각별하고, 대전 시민에게 대중가요 '대전부르스'는 애잔한 슬픔이다. 수원 시민에게 정조와 정약용이 만든 화성은 뿌듯한 자랑거리다. 도시가 뚜렷한 자기 이야기를 갖고 있으면 시민은 자긍심과 연대감을 갖는다.

가게나 기업도 마찬가지다. 변화무쌍한 시장 환경 속에서 오랫동안 유지된 곳은 예외 없이 그들만의 특별한 이야기를 가지고 있다. 그 이야기는 창업자에 관한 것일 수도 있고, 혁신 혹은 위기 극복에 관한 것일 수도 있다. 이야기를 중심으로 임직원들은 단합하고, 같은 비전과 목표를 공유한다. 또한 이야기는 기업의 독특한 문화를 만들어 낸다. 자기만의 문화를 가진 기업은 시장 안에서도 독자적인 생명력을 유지할 수 있다.

2016년에 창업 60주년을 맞이한 성심당도 오랜 역사만큼 진한 이야기를 지니고 있다. 그 이야기는 오늘날 성심당의 본질이 되고 정체성을 이루었다. 성심당의 이야기에는 한국의 현대사가 고스란히 녹아 있다. 특히 한국전쟁이라는 비극의 현장이 오늘의 성심당을 있게 한 결정적인 배경이 됐다.

유엔군을 맞이한 함흥

1950년, 그해 여름 6월 25일 전쟁이 터졌다. 파죽지세로 진격한 인민군은 낙동강까지 밀고 내려갔지만 유엔군이 참전하면서 전세가 뒤집혔다. 9월 15일, 인천상륙작전이 성공하면서 유엔군의 대대적인 공세가 시작됐다. 유엔군이 함경

남도 함흥에 들어온 건 가을이 한창 깊어가던 10월 28일이
었다.

유엔군이 함흥에 들어왔다는 소식에 도시가 술렁였다.
유엔군을 환영하는 인파가 태극기를 들고 함흥 거리로 쏟아
져 나왔다. 30리 떨어진 시골 함주에서 과수원을 운영하던
마흔한 살의 임길순(현 성심당 대표 임영진의 부친)도 이 소
식을 들었다. 가톨릭 신도였던 그는 가슴이 벅차올랐다. 정
말 오랜만에 느껴보는 자유와 평화의 기운이었다.

가톨릭은 일제강점기부터 북한 지역에 제법 탄탄한 기
반을 다지고 있었다. 프랑스의 파리외방전교회는 황해도 지
역을 관할했고, 독일의 베네딕트수도회는 함경도 지역을 담
당했으며, 미국의 메리놀외방전교회는 평안도에서 사목 활
동을 펼쳤다. 남과 북이 분단되기 전 북한 지역에는 약 5만
2,000여 명의 가톨릭 신도와 57개의 본당이 있었다. 그 가운
데 훗날 성심당을 창업할 임길순과 그의 가족이 있었다.

광복 이후 몇 년 동안 임길순을 포함한 북한의 신앙인들
은 가시방석 같은 시간을 보내야 했다. 북한을 장악한 공산
주의 정권은 종교에 지극히 배타적이었고, 탄압의 강도 또한
갈수록 강해졌다. 정부는 교회와 사찰의 토지를 몰수했고,
지역마다 인민위원회를 설치해 종교인들의 일거수일투족을
감시했다.

함경도 지역은 특히 심했다. 수백 명의 가톨릭 성직자를 키워낸 원산의 덕원신학교는 박해를 견디다 못해 1949년 5월에 결국 문을 닫았고, 흥남본당의 게롤드 피셔 주임신부도 북한 보위부원들에게 끌려간 뒤 소식이 끊겼다. 원산 영흥성당의 슈테거 주임신부는 유엔군이 들어오기 직전인 10월 초에 처형당했다. 당시 공산당은 성직자를 중범죄자로 간주했다. 이런 살벌한 분위기이다 보니 신앙인들은 최대한 몸을 낮추고 숨죽이며 지낼 수밖에 없었다. 그러던 중에 유엔군이 함경도를 접수했으니 얼마나 기뻤을까?

함흥에 본부를 세운 미 10군단은 임시 군정을 실시했다. 공병들은 전쟁으로 파괴된 건물과 도로를 빠르게 복구했다. 함흥 시민도 힘을 보탰다. 밀가루를 비롯한 식량도 배급됐다. 거리는 질서가 잡혔고 평화의 기운이 퍼져나갔다. 함흥 시내는 전에 없던 활기가 넘쳐났다. 유엔군은 다시 북쪽으로 진격하여 11월 말에는 국경인 압록강에 도착했다는 소식이 들려왔다. 사람들은 흥분했고 또 환호했다. 드디어 전쟁이 끝나는구나! 기대감은 커져만 갔다.

절망의 그림자

희망의 환호가 절망의 탄식으로 둔갑하는 데는 많은 시간
이 필요하지 않았다. 압록강 진격 소식이 알려지고 바로 며
칠 후 전혀 다른 소문이 돌기 시작한 것이다. 미군이 후퇴할
지도 모른다는 소문이었다. 설마……! 그러나 소문은 서서히
현실로 바뀌기 시작했다. 미군은 어느새 주둔지에 철조망을
치고 참호를 파기 시작했다. 굉음을 토해내며 북쪽으로 출격
하는 전투기 숫자도 빠르게 늘어났다. 길에서 아이들에게 껌
을 나눠주던 미군들의 미소도 점차 사라졌다. 평화롭고 활기
차던 함흥 시내 분위기도 금세 얼어붙었다. 두려움은 삽시간
에 전염됐다. 개마고원을 넘어오는 차가운 겨울 바람과 함께
함흥 사람들의 마음도 얼어붙기 시작했다.

유엔군은 중공군의 움직임과 전력을 제대로 파악하지
못했다. 아니, 그들을 과소평가했다. 최첨단 무기와 막강한
화력으로 무장한 미군의 눈에 중공군은 무시해도 될 만한 군
대로 보였다. 그러나 전쟁터의 현실은 완전히 다르게 흘러가
고 있었다. 11월 말 미군 2만여 명이 개마고원의 장진호 계
곡에서 중공군 3개 사단 10만 명에게 포위됐다. 전세는 급격
하게 기울기 시작했다. 12월이 되자 영하 30도의 강추위가

포위된 미군을 덮쳤다. 미군은 전투보다도 추위 때문에 더 많은 사상자를 내야 했다.

중공군의 기습적이고 광범위한 공격에 미군 사령부는 크게 당황했다. 태평양 일대에 주둔한 모든 전력을 동원해 장진호에 고립된 미군을 구출하는 데 성공했지만 거기까지였다. 더 이상의 피해를 원하지 않았던 미군은 북한 땅에서 완전히 철수하기로 결정했다. 미군이 함흥에 주둔한 지 불과 40일 만인 12월 8일에 내린 명령이었다.

미군이 후퇴한다는 소식이 확인되자 함흥 시민은 크게 동요했다. 미군이 철수하며 원자폭탄을 터트린다는 소문까지 돌았다. 그 상황에서 과연 누가 살아남을 수 있을까? 수많은 사람이 맹렬하게 피난 보따리를 싸기 시작했다. 하루, 아니 한시가 급했다. 가재도구는 내버려두고 당장 입을 것과 먹을 것, 그리고 추위를 막을 천 조각이면 충분했다. 어디로 갈지 계획을 가진 사람은 아무도 없었다. 일단 함흥을 벗어나는 게 급선무였다.

바다에서는 연일 함포 사격이 이어졌다. 엄청난 규모였다. 인천상륙작전 때보다 1.7배나 많은 포탄이 쏟아졌다. 밤이면 불 꽁무니를 흘리며 날아가는 포탄의 궤적을 맨눈으로 확인할 수 있었다. 포탄이 떨어지는 탄착 지점은 하루가 다르게 다가오고 있었다. 그만큼 중공군이 가까이 왔고, 동시에 함흥을 탈출할 수 있는 날도 얼마 남지 않았음을 뜻했다.

　　원산을 거쳐 남쪽으로 가는 육지 길이 막혔다는 소식이 들려왔다. 연합군 사령부의 철수 명령이 떨어지기 전에 원산은 이미 중공군의 손에 떨어진 상태였다. 중공군이 함흥을 완벽하게 둘러싸고 바다 쪽으로 밀어붙이는 형국이었다. 이제 함흥을 떠날 수 있는 방법은 단 하나, 바다뿐이었다. 흥남부두만이 유일한 희망이었다. 무슨 수를 쓰더라도 배를 타야 했다.

정처 없는 피난길

함주에서 수확한 사과를 팔러 함흥을 자주 오갔던 임길순도 이 소식을 잘 알고 있었다. 함주도 술렁이기는 마찬가지였다. 중공군이 포위망을 좁혀오자 미군을 피해 산속에 숨어들었던 공산주의자들이 다시 마을에 나타나기 시작했다. 미군이 완전히 빠져나가고 중공군이 들이닥치면 세상이 또 어떻게 뒤집힐지 짐작이 가고도 남았다.

　　더 이상 뜸을 들일 수가 없었다. 임길순은 중대한 결심을 했다. 가족의 목숨을 지키기 위해, 그리고 종교의 자유를 위해 고향 땅 함주를 떠나기로 마음 먹었다. 쉽지 않은 결정이었다. 아내 한순덕과 어린 네 딸이 함께 움직였다. 같은 성당 식구들도 피난길에 동행하여 무리는 금세 20여 명으로 불어났다.

유일한 목적지는 바닷길 흥남부두였다. 하루를 부지런히 걸으면 도착할 수 있는 거리였지만, 그 과정이 순탄치 않았다. 중공군에게 밀려 치욕적인 후퇴를 하는 미군은 상당히 예민해져 있었다. 혹시 첩자라도 숨어들까 군데군데 초소를 세우고 민간인의 이동을 엄격하게 통제했다. 몇 개의 초소를 거치는 사이 임길순 일행은 어느새 200여 명으로 불어나 있었다.

마침내 도착한 흥남부두는 말 그대로 아비규환이었다. 모여든 피난민만 10만 명에 육박했다. 부둣가는 이미 발 디딜 틈도 없었다. 무수했던 민간인 배들은 이미 남쪽으로 떠나고 없었고, 철수 작전에 동원된 군용 선박들만 바다 위를 지키고 있었다.

당시 사령부는 피난민을 구출하려는 그 어떤 계획도 가지고 있지 않았다. 쉽게 말해 '제 코가 석 자'였다. 장진호 계곡에서 어렵게 구출한 해병대부터 시작해 미군 5개 사단 8만여 명, 한국군 2만여 명 등 군인만 10만여 명을 탈출시켜야 했다. 이뿐만이 아니었다. 트럭과 탱크를 포함한 군용차량 1만 7,500대를 비롯해 약 35만 톤에 이르는 군수물자를 모두 후방으로 빼내는 어마어마한 규모의 군사작전이었다. 15일부터 시작된 대대적인 함포 사격도 군인과 군수물자를 철수시키는 데 필요한 시간을 벌기 위한 것이었다.

　흥남부두에 모여든 피난민들은 아무런 보호도, 아무런 약속도 받지 못한 채 영하 30도에 달하는 혹독한 추위를 맨몸으로 견뎌야 했다. 실낱같은 희망 때문에 어렵게 잡아 놓은 자리를 뜰 수도 없었다. 그러나 하루 이틀 시간이 흐르면서 굶어 죽거나 얼어 죽는 노인과 어린아이가 속출하기 시작했다. 낙오와 죽음의 공포가 추위와 함께 피난민을 위협했다. 하지만 발걸음을 돌려 다시 집으로 돌아가는 사람은 보이지 않았다. 돌아가 봤자 그들을 기다리는 것 역시 죽음이었기 때문이다. 피난민들은 '배를 못 타면 다 같이 동해에 빠져 죽자'고 스스로를 다그쳤다. 그만큼 절박하고 간절했다.

피난민 구출 프로젝트

피난민들이 칼바람을 견디며 발을 동동 구르고 있을 때, 철수 작전을 지휘하던 미 10군단 사령부에는 임길순과 같은 함경도 출신의 한국인 민사고문관 현봉학 박사가 동분서주하고 있었다. 현 박사는 부두를 가득 메운 피난민을 구출하고자 여러 차례 10군단의 알몬드 사령관을 만나 간청했다. 미군이 주둔할 때 도와준 사람들이니 모른 체해선 안 된다고 호소했지만 돌아온 대답은 '거절'이었다. 알몬드 사령관은 '전쟁에선 민간인보다 군이 우선'이라는 원칙만을 내세웠다.

설득에 실패한 현 박사는 평소 친분이 두터웠던 참모 부장 에드워드 포니 대령을 찾아갔다. 포니 대령은 인천상륙작전의 지휘자 중 하나로 배의 구조와 기능에 해박했다. 그 자리에서 포니 대령은 상륙 작전시 병력과 장비를 대량으로 실어 나르고자 만든 LST선을 활용하면 상당히 많은 피난민을 태울 수 있다는 아이디어를 내놓았다.

구체적인 방법론까지 확보한 현 박사는 포니 대령과 함께 알몬드 사령관을 다시 찾아갔다. 수륙양용작전의 전문가이면서 선박 구조에 해박한 포니 대령의 아이디어는 알몬드 사령관의 마음을 움직였고, 마침내 피난민 10만 명 구출 프로젝트가 시작되었다.

14일에 피난민을 구출하기로 결정했고 승선은 19일부터 시작됐다. 이날 풍경을 소설가 김동리는 '흥남 철수'라는 작품에서 상세하게 묘사했다.

눈바람을 무릅쓰고 얼음판 위에서 밤을 새운 군중들은 배가 부두에 와 닿는 것을 보자 갑자기 이성을 잃은 것처럼 "와~" 하고 소리를 지르며 곤두박질을 하듯 부두 위로 쏟아져 나갔다. 물론 대부분은 군인 가족 관계와 기독교 관계에 등록된 사람들이었으나 간혹 일반 등록자와 무등록자도 섞여 있었다. 부두 위는 삽시간에 수라장이 되었다. 공포가 발사되고, 호각이 깨어지고 동아줄이 쳐지고 하여, 일단 혼란은 멎었으나, 그와 동시, 이번에는 또, 그 속에 아이를 잃어버린 어머니, 쌀자루를 떨어뜨린 남편, 옷 보퉁이가 바뀐 딸아이들의 울음소리와 서로 부르고, 찾고, 꾸짖는 소리로 부두가 떠내려가는 듯했다. 그들은 모두 이 배를 타지 못하면 그대로 죽는 것으로 생각하는 듯했다.
—김동리, '흥남 철수' 중에서(<무녀도>, 현대문학, 한국 현대문학 전집 4 - 김동리 단편선)

사람을 태울 수 있는 배는 모조리 항구에 접안했다. 상륙

용 선박은 모래사장에 입을 벌리고 피난민을 맞았다. 부두에 접안하기 어려운 상선들은 그물을 내려 피난민들이 타고 오르게 했다. 김동리의 글처럼 처음에는 극심한 혼란이 있었지만 구조가 계속된다는 믿음이 생기면서 부두는 질서를 되찾았다. 피난민들은 배 안에 몸을 숨길 만한 곳이면 어디든 가리지 않았다. 탱크 위와 아래, 장갑차와 대포 사이 등 공간만 있으면 몸을 밀어 넣었다. 이 광경을 지켜본 미군이 통조림 같다고 표현할 정도였다.

임길순을 비롯한 가톨릭 신도 200여 명이 흥남부두에 도착했을 때 피난민들은 이미 배를 탈 순서를 기다리느라 길게 줄지어 서 있었다. 그러나 그 가운데에도 위아래가 있었다. 군인과 경찰, 그리고 공무원 가족이 앞자리를 차지했고, 뒤늦게 도착한 일행들은 까마득한 줄을 바라보며 하염없이 기다릴 수밖에 없었다.

바다 위에 아직 배가 몇 척 남아 있었지만 부두에는 그보다 많은 피난민이 빼곡했다. 피난민을 얼마나 더 태울 수 있을지 아무도 가늠할 수 없었다. 제발 자신까지 순서가 오기만을 기도하고 또 기도하는 수밖에 없었다.

임길순 일행도 그 마음을 모으기로 했다. 마지막 기도를 드린다는 심정으로 나무 십자가를 만들고 이불 홑청을 뜯어 깃발을 만들어 높이 들었다. 그리스어로 그리스도를 뜻하는

'크릿그토너(X$\rho\omega\tau\delta$)'의 앞 두 글자 'X'와 'P'를 겹친 문양을 손으로 그려 만든 깃발이었다.

배는 하나둘 떠나갔지만 부두 위 사람들의 숫자는 좀처럼 줄어들지 않았다. 마침내 배 한 척만 남은 22일 아침, 부두에는 아직 1만 5천 명에 가까운 인파가 강추위 속에서 간절하게 순서를 기다리고 있었다.

홑청을 뜯어 만든 깃발 아래 옹기종기 모여 있던 임길순과 일행들을 미군 한 명이 유심히 쳐다보고 있었다. 그가 다가와 깃발이 무엇을 뜻하는지 물었다. 그들은 신자증명서와 묵주를 들어 보이며 가톨릭 신도라는 사실을 알렸다. 미군은 의미심장한 미소를 보이더니 배로 돌아갔다. 바다 위에 떠 있던 마지막 배가 부두에 접안하고 피난민을 맞이할 준비를 마칠 즈음 아침에 만난 미군이 헌병 지프차를 타고 나타났다. 그는 임길순 일행을 배로 인도해 가장 좋은 자리로 안내했다.

기적처럼 배에 자리를 잡고 나자 일순간에 긴장이 풀리며 안도의 한숨이 흘러나왔다. 자리가 좁아도, 허기가 져도 어느 누구도 불평하지 않았다. 임길순은 그때 다짐했다. "이번에 살아날 수 있다면 평생 어려운 이웃을 위해 살겠다"고.

철수하는 수송선에 승선하려고 흥남부두에 몰려든 피난민들, 1950년 12월 19일

메러디스 빅토리호

임길순과 일행들이 탄 마지막 배는 '메러디스 빅토리(Mere-dith Victory)호'였다. 1945년에 건조된 7,600톤 급의 화물선으로 한국전쟁 당시에는 주로 항공유를 수송했다. 배의 정원은 60명이었고 당시 선원 47명이 타고 있었다. 원칙으로는 13명밖에 더 태우지 못하는 배였다. 게다가 그때 메러디스 빅토리호에는 휘발성이 매우 강한 항공유가 300톤이나 실려 있었다. 사령부에서 피난민 구조 지시가 떨어졌지만 선장으로서는 얼마든지 거부할 수 있었다.

그러나 이 배의 레너드 라루(Leonard RaLue) 선장은 망설이지 않았다. 선장실에서 쌍안경으로 내려다 본 부두 상황은 비참하기 짝이 없었다. 특히 공포에 떨며 어른들 손에 이끌려 가는 아이들의 모습이 라루 선장의 마음을 강하게 움직였다. 선장은 선원들에게 특별 지시를 내렸다.

"배에 있는 모든 짐을 다 버리고 눈에 보이는 사람은 한 명도 빠짐 없이 배에 태워라!"

22일 저녁부터 시작된 피난민 승선은 이튿날 새벽까지 이어졌다. 사람이 머물 수 있는 공간은 모두 피난민으로 채웠다. 화물칸은 말할 것도 없고 갑판도 사람들로 가득 찼다.

부두에 한 명도 남기지 않고 태운 피난민 숫자는 1만 4,500여 명에 달했다. 이 숫자는 훗날 단 한 번에 가장 많은 인명을 구조한 사례로 기네스북에 등재됐다.

23일 오후, 메러디스 빅토리호가 흥남부두를 떠나면서 닷새간 계속된 피난민 구조가 마무리됐다. 10여 척의 배로 구출된 피난민의 수는 모두 9만 8,100명으로 집계됐다. 미 10군단 알몬드 사령관도 메러디스 빅토리호가 떠난 뒤 흥남부두를 빠져나왔다. 부두의 시설과 미처 싣지 못한 장비들은 모두 폭파했다. 임길순 일행도 그 장면을 배에서 지켜봤다. 메러디스 빅토리호에 탄 피난민들이야말로 불구덩이에서 기적적으로 살아나온 사람들이었다.

크리스마스의 기적

12월 23일 오후에 출발한 메러디스 빅토리호는 28시간을 달려 24일 저녁 부산항에 도착했다. 그러나 부산은 이미 전국에서 모여든 피난민으로 인산인해였다. 빅토리호는 선수를 거제도로 틀었다. 이튿날 25일 성탄절 아침, 배는 장승포와 지심도 중간에 조용히 닻을 내렸다. 크리스마스의 기적은 이렇게 완성되었다.

조용하던 어촌에 1만 4천여 명이 넘는 피난민이 들이닥쳤지만 거제의 인심은 야박하지 않았다. 소식을 듣고 바닷가로 나온 거제 사람들은 주먹밥을 준비해 나누어 주며 함경도 피난민들을 따뜻하게 맞았다.

임길순 가족도 거제도에 첫 발을 디뎠다. 아는 사람 하나 없고 풍경조차 낯선 곳이었지만 두려움보다는 안도감이 훨씬 컸다. 자유롭게 살아갈 수 있는 곳이라면 생존을 위한 고생쯤은 아무렇지도 않았다.

임길순은 성당부터 찾았다. 당시 장승포에는 옥포성당이 세운 공소가 하나 있었다. 그곳에서 그는 거제에서 사진관을 운영하던 김태수를 만났다.

김태수의 사진관은 제법 잘됐다. 거제에 포로수용소가 들어서면서 일감이 늘었기 때문이다. 덕분에 그는 방 세 개짜리의 제법 너른 집에서 살고 있었다. 김태수는 임길순의 가족에게 선뜻 방 한 칸을 내주었다. 임길순과 가족들은 낯선 남도에서도 평화로운 밤을 맞이할 수 있었다.

대전에 멈춰 선 기차

2

거제를 떠나 다섯 시간 가까이
달리던 기차는 갑자기 대전역에서
멈춰 섰다. 그리고 더는 움직이지
않았다. 임길순 가족은 대전에서
고아들의 아버지라 불리던
대흥동성당의 오기선 신부를 만나
밀가루 두 포대를 받았다. 부부는
이를 가족의 식량으로 소비하는 대신
대전역 앞에서 찐빵 장사를 시작했다.
성심당의 첫 출발이었다.

생존은 단 하루도 멈출 수 없는 엄숙한 과제다. 소설이나 동화 같았으면 '그 후로 행복하게 살았다'라고 마무리 짓겠지만 크리스마스의 기적은 소설 속 결말 같을 수 없었다. 이튿날에도 태양은 어김없이 떠올랐고, 주어진 시간을 버텨내야 하는 팍팍한 피난살이는 쉼도 없이 이어졌다. 배에서 내린 당일은 거제 사람들이 건네준 주먹밥으로 해결했지만, 당장 이튿날부터 삼시 세끼를 걱정해야 했다. 모든 짐을 버리고 맨몸으로 도착한 남녘에서 피난민들이 할 수 있는 일은 거의 없었다.

임길순과 가족들은 다행히 사진관을 운영하던 김태수의 집에 방 한 칸을 얻어 그곳에서 6개월 가까이 맘 편하게 머물 수 있었다. 그러나 마냥 그곳에 있을 수만은 없었다. 부산이 붐빈다는 이유로 거제 장승포까지 밀려 왔지만 그곳도 피난민들로 금세 북적이기 시작했다. 농사일과 바닷일이 전부인

시골 거제도에서 그 많은 피난민이 생계를 유지할 만한 일거리는 거의 없었다. 임길순도 마찬가지였다. 과수원을 운영한 경험은 있었지만, 내 땅 한 평 없는 남녘 땅에서는 무용지물이었다.

임길순이 함주에서 가져온 전 재산은 그때 돈으로 2,300환이었다. 하루는 큰딸 정숙이 사과가 먹고 싶다 해서 100환을 쥐어주었다. 함주에서 100환이면 사과를 한 무더기 살 수 있는 돈이었다. 정숙도 그렇게 알고 식구들이 한동안 먹을 사과를 사러 장터에 갔지만 이내 빈손으로 돌아왔다. 당시 거제에선 사과 하나가 100환이었던 것이다. 전쟁의 여파로 화폐 가치가 떨어져 그들이 함주에서 가져온 재산이 졸지에 사과 스물세 개 값이 되고 만 것이다.

이제 어떻게든 일을 구해야 했다. 그리고 새로운 일거리를 찾으려면 농촌이 아닌 도시로 가야 했다. 임길순은 바다 건너 거제도와 마주 보고 있는 군항 도시 진해를 다음 정착지로 선택했다.

거제 건너 진해로

임길순과 가족은 진해에 정착하자마자 냉면을 삶아 팔았다. 당시 북에서 피난 온 사람들이 남쪽에서 할 수 있는 일은 음식 장사가 전부라 해도 과언이 아니었다. 그나마 냉면은 남쪽에선 처음 보는 음식이라 제법 인기를 끌었다. 고향의 음식을 그리워하는 피난민들도 심심찮게 냉면집을 찾았다.

아직 전쟁이 끝나지 않았던 그 시절에는 하루하루를 연명하는 것이 기적이었다. 굶지 않고 하루를 보낼 수 있다는 것이 축복이었다. 임길순은 그 어려운 시절에도 하루 장사가 끝나면 남은 냉면을 들고 배고픈 이웃들을 찾아가 나눴다. 흥남부두에서 메러디스 빅토리호를 타던 바로 그 순간 "평생 어려운 이웃을 돕고 살겠다"는 다짐을 냉면 장사 때부터 실천한 것이었다. 변변한 가게가 있는 것도 아니고, 당장 무슨 일이 벌어질지 모르는 불안한 시대였지만 하루를 살아도 이웃과 함께 살아야 한다고 생각했다. 신이 피난길에 그와 가족을 살려 준 이유가 거기에 있다고 그는 굳게 믿었다.

1953년 7월, 마침내 끝날 것 같지 않던 전쟁도 멈췄다. 평화의 기운이 곳곳에 퍼져나가며 사람들은 미래를 생각하고 준비할 마음의 여유가 생겼다. 마음의 평화는 바로 새로

운 생명으로 이어졌다. 동네 여기저기에서 아기 울음소리가
들려오기 시작했다. 임길순 가족에게도 반가운 소식이 찾아
왔다. 전쟁이 끝나고 가진 아이는 1954년 8월에 태어났다.
첫 아들 영진이 바로 그 주인공이다. 진해에서 영광스러운
아들을 얻었다고 해서 이름도 그렇게 지었다.

서울 가는 기차 통일호

영진이 두 살 되던 해인 1955년, 임길순의 가슴을 뛰게 하는
소식 하나가 들려왔다. 서울까지 가는 기차가 정식 개통했다
는 것이었다. 전쟁이 끝난 뒤에도 철도 운영권은 한동안 유
엔군 사령부가 쥐고 있었다. 열차를 타고 오가는 사람이 없
지는 않았지만 언제나 군사 목적이 우선이었고, 일반인에게
는 열차 운행 정보가 제대로 알려지지도 않았다. 더구나 경
부선 철도에서 한참 떨어진 진해에서는 열차가 언제, 어떻게
운행되는지 알 길이 없었다.

한국 정부는 1955년 6월 초 유엔군 사령부로부터 철도
운영권을 이양받았다. 처음에는 정말 볼품 없었다. 일제강점
기 때부터 쓰던 증기기관차와 미군이 남기고 간 디젤기관차

몇 대가 당시 한국철도의 전 재산이었다. 증기기관차는 힘도 약하고 에너지 효율도 낮아서 장거리 운행이 힘들었다. 그나마 디젤기관차 두 대가 '통일호'라는 이름을 달고 서울과 부산 420킬로미터를 오가는 열차로 투입됐다.

당시 통일호는 그야말로 획기적인 교통수단이었다. 부산에서 서울까지 하루 만에 갈 수 있다고 아무도 생각하지 못하던 시절, 불과 아홉 시간 만에 그 거리를 주파했다. 당시 통일호의 존재감은 KTX가 처음 등장했을 때보다 컸으면 컸지 적지 않았을 것이다. 이 열차는 특히 고향 땅을 등지고 남하한 피난민들에게 각별한 정서를 불러일으켰다. 고향을 그리워하던 임길순도 이 열차의 등장에 귀를 기울일 수밖에 없었다.

함주를 떠나 거제를 거쳐 진해에 정착한 지도 6년. 남도 생활에 제법 익숙해졌고 가까이 지내는 인맥도 생겼다. 그러나 어디까지나 임시라고 생각했다. 전쟁이 끝나면 고향에 돌아가 과수원을 다시 할 수 있을 거라 믿었기 때문이다. 하지만 전쟁이 끝난 나라는 여전히 반토막이 나 있었다. 고향에 돌아갈 수 없으니 어떻게 해서든 남한 땅에서 자리를 잡아야 했다. 자녀들을 위해서라도 남쪽에서 새로운 고향을 만들어야 했다. 그렇다면 임시가 아닌 진짜 터를 잡아야 한다. 어느 정도 익숙해진 진해에 계속 눌러 앉을 것인지, 아니면 좀

더 큰 도시로 가서 새로운 기회를 모색할 것인지 결정해야
했다. 바로 그즈음 경부선 열차가 움직인다는 소식이 들려온
것이다.

　사실 음식 장사도 재료 수급이 원활하지 않아서 쉽게 자
리 잡지 못하고 있었다. 함흥냉면 면발은 감자 전분으로 만
드는데 경남 지역은 감자가 풍성하게 재배되지 않았다. 어렵
게 연명은 하고 있었지만 답답한 현실은 개선될 기미가 보이
지 않았다. 가겟세도 제대로 내지 못하는 달이 자꾸 늘어났
다. 새로운 돌파구가 필요했다.

　임길순은 다시 한 번 길을 떠나기로 마음먹었다. 행선지
는 서울. 아무 인연도 없는 남한 땅에서 가장 큰 도시 서울이
라면 우리 가족이 깃들 곳이 어디엔가 있지 않을까. 드디어
1956년 늦여름의 어느 날 임길순과 그의 아내 한순덕, 그리
고 네 딸과 큰 아들 영진, 이렇게 일곱 식구는 서울 가는 통
일호에 몸을 실었다.

밀가루 두 포대

다섯 시간 가까이 달리던 기차는 갑자기 대전역에서 멈춰 섰
다. 그리고 더는 움직이지 않았다. 열차가 고장난 것이었다.
당시만 해도 열차가 한 번 고장 나면 언제 다시 떠날 수 있을
지 기약이 없었다. 열차도 몇 대 없었지만 기술자도 드문 시
대였다. 다음 열차가 언제 움직일지, 그 열차에 오를 수 있을
지 아무도 장담할 수 없는 난감한 상황이었다.

　　임길순과 가족은 하는 수 없이 열차에서 내려 대전역사
를 빠져나왔다. 일제강점기 때 근대건축양식을 따라 지은 대
전역사는 서울역처럼 화강석으로 지은 2층짜리 건물이었다.
대전역 광장은 생각보다 넓고 활기찼다. 오가는 사람도 많았
고 노점도 즐비하게 들어서 있었다. 진해와는 확실히 다른
느낌이었다. 대전은 1905년 경부선 대전역이 개통하면서 형
성된 신도시였다. 철도가 놓이기 전에는 충청남도 회덕군의
한밭이라는 작은 마을이 있던 곳이다. 쉽게 말해 일제가 전
쟁을 일으키는 데 필요한 물자를 수탈하기 위해 철도를 건설
했고, 그 중간 기착지로 대전이란 도시가 만들어진 것이다.

　　일제강점기에는 대전역 앞 원동과 중동 일대에 일본인
상가가 주로 번창했다. 1912년에는 대전천을 가로질러 대전

서부를 연결하는 70미터 길이의 목척교가 놓이면서 도심이 확장되기 시작했다. 대전이 지금처럼 충청 지역의 중심 도시로 부상한 것은 1932년 5월 공주에 있던 충남도청이 지금의 선화동 자리로 이전하면서부터다. 한국전쟁 당시에는 21일간 대한민국 임시수도 역할을 했고, 북한 인민군과 대전 전투를 치른 치열한 격전장이기도 했다.

임길순이 대전을 찾은 1956년은 대전이란 도시가 생긴 지 51년째 되던 해였다. 전쟁이 끝난 지 3년밖에 지나지 않았지만 전라도와 경상도를 연결하는 철도망으로 전국의 농수산물이 모여드는 풍성하고 활기찬 도시였다. 비록 임길순 가족의 목적지는 서울이었지만 당시 대전도 충분히 매력적이었다. 남쪽에 친지 한 명 두지 않은 함주 토박이에게 대전이 서울과 그렇게 다를 것 같지는 않았다.

임길순은 서울에 가지 못하는 안타까움은 접어두고 대전에서 살 길을 찾아보기로 했다. 마음을 정리한 그는 거제에서처럼 대전역에서 가까운 성당부터 찾아갔다. 다행히 역에서 멀지 않은 거리에 대흥동성당이 있었다. 당시 대흥동성당은 대전 지역 고아들의 아버지라 불렸던 오기선 신부가 주임신부를 맡고 있었다.

임길순은 오기선 신부를 만나 흥남부두를 탈출해 거제와 진해를 거쳐 대전역에 도착하기까지의 자초지종을 설명했다. 이야기를 듣자마자 오신부는 미국에서 지원 받은 밀가루 중 두 포대를 임길순 가족을 위해 선뜻 건네주었다. 밀가루 두 포대를 받아 든 부부는 이를 가족의 식량으로 소비하는 대신 찐빵 장사를 시작하기로 했다. 대전 성심당의 첫 출발이었다.

대전역 천막 노점 성심당

찐빵 장사로 종목을 정했지만 임길순이나 부인 한순덕 모두 빵을 만들어 본 적이 없었다. 빵은 국수와 달라서 반죽을 부풀리는 효모가 있어야 한다. 부부는 이웃에 수소문해서 먼저 막걸리로 발효종을 만드는 방법을 배웠다. 막걸리를 받아 놓고 집안에서 직접 효모를 만들었는데 여러 차례의 시행착오 끝에 마침내 효모 생산에 성공했다. 그리고 10월의 어느 날, 드디어 부부는 대전역 앞에 천막을 하나 세우고 찐빵 파는 노점을 냈다. 노점 앞에는 나무 팻말로 만든 '성심당(聖心堂)'이라는 간판을 세웠다.

　처음에는 이 간판을 두고 이러쿵저러쿵 말이 많았다. 특히 성당 교우들에게 적잖은 핀잔을 들어야 했다. '성심'이란 말이 예수님의 마음을 가리킨다는 사실을 누구나 다 아는데, 가게 행색이 더할 나위 없이 초라했기 때문이었다. 심지어 불경스럽다는 소리까지 들어야 했다. 더구나 성심당이라는 상호만 들어서는 빵집이란 생각이 들지 않았다. 광고 효과로 따지자면 낙제점이나 마찬가지였다.

그러나 임길순은 꿈쩍도 하지 않았다. 그가 내건 간판 성심당은 엄밀히 말해 손님을 불러들이기 위한 광고판이 아니었다. 어려운 이웃을 위해 살겠다는 다짐을 실천하기 위한 일종의 신앙고백이었다. 그래서 임길순은 첫날 장사를 마치자마자 역 주변의 배고픈 이들을 찾아가 남은 빵을 나누기 시작했다. 그에게는 장사보다 장사가 끝난 뒤에 빵을 나누는 시간이 훨씬 중요했다.

워낙 먹을 게 부족하던 시절이라 장사는 비교적 잘됐다. 남은 빵을 매일 이웃들과 나누니 성심당 찐빵은 언제나 당일 만든 신선한 것이었다. 소문도 나고 단골도 차츰 늘었다. 그러나 임길순의 관심은 온통 빵 나누기에 쏠려 있었다. 돈이 조금이라도 모일 것 같으면 더 많은 밀가루를 사서 더 많은 빵으로 어려운 이들과 더 많이 나누고 싶어했다.

단순히 장사하고 남은 빵만 나누는 것이 아니었다. 하루에 찐빵 300개를 만들면 100개 정도를 이웃과 나눴는데, 그 숫자를 맞추려고 종종 무리해서 밀가루를 구입했다. 재료를 사려고 모아둔 돈을 급한 사정이 생긴 어려운 이웃의 손에 쥐여 주는 일도 잦았다. 그에게 찐빵 장사는 목적이 아니라 수단이었다. 어려운 사람을 도울 수 있다면 장사에 차질이 생기는 것쯤은 아무래도 좋았다.

덕분에 실제 빵을 만들어 손님에게 파는 일은 오롯이 부인 한순덕의 몫이었다. 한순덕은 틈만 나면 이웃들에게 퍼주는 남편 때문에 마음고생이 이만저만이 아니었다. 자녀들도 아버지에게 불만이 많았다. 가족도 먹고 살기 어려운 마당에 이웃에게 퍼주기부터 하는 아버지를 이해하기 어려웠다. 가게 사정은 뒷전이고 퍼주기에 바쁜 남편을 보고 부인은 "천당에 혼자만 가고 나는 못 가면 어떡하냐"며 역성을 내기도 했다.

임길순이 열심히 나눴지만, 한순덕의 알뜰한 살림살이 또한 만만치 않아서 성심당은 조금씩 성장했다. 성심당이 노점 신세를 면하고 번듯한 가게를 장만하는 데 걸린 시간은 2년. 1958년, 성심당은 대전역에서 목척교 지나기 직전에 위치한 왕생백화점 옆에 조그마한 가게 하나를 월세로 마련할 수 있었다. 가게를 새로 열면서 업종도 제과점으로 바꾸고 사업을 확장해 나갔다.

장사는 꾸준히 잘됐다. 시기로 보나 환경으로 보나 제과업을 하기에 워낙 좋았다. 미국의 밀가루 무상 원조가 상당

기간 이어져서 큰돈을 들이지 않고도 원재료를 구할 수 있었고, 정부도 부족한 쌀을 보충하려고 혼분식 장려 정책을 적극 펼쳤다. 거기에다 빵이 선진국 서양 음식이라는 이미지가 덧붙으면서 성의를 표하는 고급 선물은 물론이고 결혼 답례품으로도 빵과 서양과자가 각광을 받았다. 연인들에게도 제과점은 데이트 필수 코스 중에 하나였다.

당시만 해도 대전 시내에는 만남의 장소라고 할 만한 곳이 많지 않았다. 대전 외곽에 있는 딸기밭이나 포도밭 등을 찾아가 원두막에서 과일을 사 먹고 돌아오는 정도가 그나마 무난한 데이트 코스였다. 그보다 좀 더 호사스럽고 세련된 장소로 각광 받은 곳이 바로 제과점이었다. 대전에서는 충남도청 건너편에 승리당이 제일 먼저 문을 열어 연인들의 환대를 받았다. 그리고 성심당과 아세아제과, 경일제과 등이 그 뒤를 이었다.(출처: 대전 중구문화원 <대흥동 이야기>)

대전에는 특히 밀가루가 풍족해서 상대적으로 제과점 숫자가 많았다. 미국의 원조와 미군 부대에서 반출된 것들 외에도 대전의 한글 이름이기도 한 한밭에서 전통적으로 밀을 많이 재배했다. 1960~1970년대에 진행된 서해안 간척 사업 때에는 노임을 밀가루로 공급하기도 했다. 대전에 유독 칼국수집이 많은 것도 이처럼 넉넉한 밀가루 덕분이었다.

본격적인 나눔

성심당의 나눔은 임길순이 대흥동성당의 보좌신부였던 두봉
신부를 만나면서 점차 체계를 갖추고 그 내용도 풍성해졌다.
두봉은 르네 뒤퐁(René Dupont)의 한국 이름이다. 프랑스
외방전교회 소속 신부인 그는 1953년 사제 서품을 받고 이
듬해 한국에 파견되었다. 그리고 몇 년 후, 대흥동성당에서
임길순과 운명처럼 만난 것이다.

　하루 장사를 끝내고 남은 빵을 나누는 중년 가장 임길
순은 금세 20대 젊은 신부 두봉의 눈에 들어왔다. 두봉 신
부는 임길순과 만나 이야기를 나누고 바로 의기투합했다.
두봉 신부가 끼니가 어려운 사람들을 찾아 그때그때 주소
를 알려주면 임길순이 남은 빵을 봉지에 담아 그 집 대문이
나 울타리 너머로 넣어 주었다. 시간이 지나면서 빵만이 아
니라 대흥동성당에서 나오는 옷가지 등 다양한 구호 물품도
함께 나누었다.

　임길순은 특히 성당 연령회(煉靈會) 일에 적극적이었다.
다른 모든 일보다 우선할 정도로 열심이었다. 연령회는 성당
에서 장례를 치러 주는 일종의 봉사단체다. 지금이야 병원을
비롯해 장례를 치러 주는 업종이 활성화되어 있지만 1960년

대만 해도 가난한 사람들은 장례 치를 엄두를 내지 못했다. 그래서 각 성당별로 신도들의 자발적인 봉사단체인 연령회를 만들어 신도는 물론 가난한 사람들의 장례를 무료로 돕는 일을 해온 것이다.

연령회는 지금으로 치면 장례뿐만 아니라 호스피스 업무까지 도맡았다. 임종을 앞둔 환자를 돌보는 것부터 시작해 수의와 관을 구입하고 묘지를 장만하는 등 유가족과 함께 장례의 전 과정을 마치는 것이 주요 임무였다. 임길순은 성당 연령회장을 무려 20여 년이나 맡으면서 장례 일 가운데서도 가장 궂은 일인 염(殮)을 주로 담당했다. 시신의 몸을 씻기고 옷을 입힌 뒤 염포로 싸는 일을 수도 없이 반복했다.

당시 대전에는 성당 숫자도 많지 않아서 거의 매일 장례가 있었다. 그때마다 그는 빠지지 않고 현장을 찾아갔다. 임길순은 일말의 주저함도 없이 가장 궂은 일에 앞장섰다. 그의 이런 헌신적인 봉사가 뜻하지 않은 보답으로 돌아오기도 했다. 1980년대 중반, 아들 영진이 성심당을 경영할 때 옥상에 설치된 제빵 공장을 구청의 허가를 받지 않고 일부 증축한 적이 있었다. 인허가 업무가 워낙 복잡하고, 또 뇌물 관행도 팽배하던 때라 가급적 조용히 일을 치르고 싶었던 것인데, 주변에서 신고가 들어가 조용히 넘어갈 수가 없었다. 곧이어 산만한 덩치를 한 철거반원 수십 명이 해머를 들고 성심당에 들이닥쳤다. 그들이 공장을 해체하고 영업 정지까지 받으면 사업 자체를 접어야 할지도 모를 상황이었다. 성심당 직원들은 철거반원의 위세에 눌려 잔뜩 움츠러들었다.

그런데 기적 같은 일이 벌어졌다. 철거반을 지휘하던 반장이 철거 명령을 내리는 대신 철수 명령을 내린 것이었다. 그들은 성심당의 티끌 하나도 건드리지 않고 그대로 돌아갔다. 나중에 알고 보니 구청의 지시가 아니라 철거반장의 독자적인 판단에 따른 것이었다. 그는 어릴 때 아버지를 여의었다. 워낙 가난해서 장례를 제대로 치르지 못하고 있을 때 임길순이 찾아와 염부터 입관까지 장례 일체를 치러준 일이 있었다. 어릴 때였지만 철거반장은 그 장면을 선명하게 기억하고 있었다.

성심당 철거를 포기하고 철수한 철거반장은 그 길로 구청장을 찾아가 면담을 신청했다. 구청장에게 그동안의 자초지종을 설명하며 다음과 같이 간청했다고 한다.

"아버지 장례 때 진 빚을 언젠가는 갚겠다고 다짐했는데 오늘이 바로 그날인 것 같습니다. 그 빚을 갚을 수 있게 구청장님께서 선처해 주시길 바랍니다."

철거반장의 진지한 간청에 구청장도 공감했고, 덕분에 성심당은 위기를 넘길 수 있었다. 그리고 작은 일 하나라도 소홀함 없이 제대로 절차를 밟아야 한다는 큰 교훈도 얻었다.

은행동 153번지

1967년 성심당은 지금의 '케익부띠끄' 자리인 은행동 153번지로 이전을 계획했다. 지금이야 이곳이 금싸라기 땅으로 평가 받지만 당시엔 중앙로에서 두 블록이나 떨어진 외진 곳이었다. 주거지도 아니었고 상가 지역은 더더욱 아니었다. 허허벌판에 큼지막한 성당 하나만 덩그러니 서 있던 곳이었다.

중앙로 상권이라고 하면 그야말로 중앙로 그 자체를 가리켰다. 그 길을 따라 문을 연 가게들이 바로 핵심 상권을 이루고 있었다. 그 길과 두 블록 차이였지만 153번지 앞 도로는 포장도 되지 않았고 인근에는 빵집과는 도저히 어울리지 않는 목재소들이 자리 잡고 있었다. 사람 발길이 뜸한 곳이라 불량배도 적지 않았다. 교회와 주유소, 목재소 빼고는 이렇다 할 점포가 없었다. 게다가 대전역과도 한참 멀어졌다.

당시 상식으로는 빵을 사러 두 블록이나 안쪽에 있는 칙칙한 골목으로 들어설 이유가 없었다. 주변 사람들이 "저 영감 미쳤다"라고 혀를 차는 것도 당연했다. 물론 임길순이 부동산의 미래 가치를 내다보고 옮긴 것은 아니었다. 성심당을 은행동 153번지로 옮긴 유일한 이유는 바로 성당 종소리였다.

예전 왕생백화점 옆 성심당에서 성당까지 가려면 목척교와 중앙로를 건너야 했다. 매일 낮 12시와 오후 6시에 울려퍼지는 성당 종소리도 물론 들을 수가 없었다. 커 가는 자녀들의 신앙을 위해 가게를 아예 성당 가까이로 옮긴 것이었다. 하루 두 번 성당 종소리가 들리는 곳에서 장사하는 것이 중요했다.

하지만 전쟁과 목숨 건 피난을 경험하지 않은 아들 영진에겐 여간 고역이 아니었다. 한창 클 나이의 영진에게 미사는 늘 피곤하고 졸리고 또 숨막히는 시간이었다. 그러나 자녀들은 밝게 자랐다. 이유는 간단했다. 성당 중심의 신앙생활 외에는 대부분 자유가 주어졌고, 아버지가 자녀들에게 원하는 바가 너무나도 명확했기 때문이다.

1972년 대흥동 천주교회 앞(사진: 대전중구문화원 제공, 향토문화자료 제6집 <사진으로 본 대전의 어제와 오늘의 만남>)

1970년대 대전역의 모습(사진: 대전광역시 제공)

본질뿐인 사람

임길순은 열아홉에 함경남도 함주에서 형제와 함께 가톨릭 신앙을 받아들였다. 서른다섯에 해방을 맞은 그는 마흔 살 되던 해에 여섯 식구를 이끌고 흥남부두를 통해 남쪽으로 내려왔다. 목숨을 건 탈출이었고 기약 없는 떠남이었다. 남쪽에 그 어떤 인연도 없던 임길순이 가진 재산은 사과 스물세 개 값이 전부였다.

　21세기의 풍경과 비교하자면 연일 외신을 채우는 시리아 난민의 처지와 다를 바가 없었다. 전쟁을 피해, 생존을 위해 고향을 등지고 생면부지의 땅으로 떠나는 그들의 발걸음이 바로 불과 수십 년 전 우리의 모습이었다. 임길순은 엄혹한 피난길에서 가족은 물론 같은 성당 식구와 흥남부두에서 만난 가톨릭 교우 200여 명을 함께 지켜 냈다. 그는 "평생 어려운 이웃을 돕고 살겠다"는 다짐을 이미 피난길 현장에서부터 실천하고 있었다. 진해에서 냉면을 팔 때는 남은 음식을 이웃들과 나눴고, 대전역 앞에서 천막 노점 성심당 찐빵 장사를 할 때도 하루도 거르지 않고 어려운 이웃들과 음식을 나눴다.

　사실 '남은 음식'이라는 표현은 임길순과 어울리지 않는다. 그가 먹는 장사를 시작한 이유는 엄밀하게 말해 어려운 사람들과 함께 먹기 위해서였다. 장사하다 남아서 나눈 게 아니라 안정적으로 꾸준히 나누기 위해 '부득이하게' 장사를 한 것이다. 장사를 위한 나눔이 아니라 나눔을 위한 장사였다. 그래서 어려운 이웃이 급히 돈이 필요할 때 선뜻 재료비를 내줄 수 있었던 것이다.

덕분에 가족들은 적지 않게 속앓이도 했다. 사업은 번창해서 번듯한 매장을 보유하고 있었지만 정작 그 이득이 가족들에게 돌아가지는 않았다. 심지어 자녀들 학비를 제때 내지 못할 때도 많았다. 그러나 임길순은 가족이 안정적으로 생존하는 것만으로도 감사했다. 그 이상의 이윤은 모두 이웃의 몫으로 돌렸다.

아들 영진은 아버지 임길순의 신앙을 "무조건 믿는 신앙, 무식하게 믿는 신앙, 막무가내로 믿는 신앙"으로 기억한다. 중년의 나이에 가족과 신앙 공동체의 생사를 책임지고 몇 번이고 사선을 넘어야 했던 경험이 오롯이 아버지의 몸에 각인됐기 때문이다.

며느리 미진은 시아버지 임길순을 "본질 외에는 아무 것도 없는 분"으로 묘사한다. 뒤집어 말하면 가톨릭 신앙 하나만 남겨놓고 다른 모든 것은 버린 사람이란 뜻이다. 그는 인생 내내 믿음이라는 본질 외에 다른 어떤 가치도 마음속에

품으려 하지 않았다. 그렇게 죽음의 위협 속에서 살아났기에 죽을 때까지 그렇게 살아야 한다고 믿었다. 그 신념에 따라 평생 이웃 사랑과 나눔에 헌신한 임길순은 1997년, 88세의 나이로 하늘의 부름을 받았다.

3

튀김소보로의 탄생

성심당은 주인이 제빵 기술을
가지고 있는 오너셰프 체제가
아니었다. 가게를 운영하는 데 필요한
핵심 기술이 주인에게 없다는 것은
치명적인 약점이었다. 어느 날 제빵
기술자 다섯 명이 일시에 잠적하며
위기를 맞은 성심당은 이후 직접
기술 습득에 나선 임영진 대표를
중심으로 2세 경영에 돌입한다.
단팥빵과 소보로, 도넛의 3단
합체이자 성심당 최고의 히트상품
튀김소보로도 그의 손에서
만들어졌다.

우리나라의 빵 문화는 일본의 영향을 많이 받았다. 고려당, 태극당, 일미당, 오복당처럼 초창기 빵집 이름 대부분이 아무개'당'으로 끝나는 것도 일본식 이름 짓기의 흔적이다. 우리나라 빵집의 모태는 일제강점기 때 조선에 거주하던 일본인의 제과점이었다. 해방과 함께 일본인이 떠나자 점원으로 일하던 우리나라 사람이 제과점을 인수하거나 일본 제과점에 일하다가 귀국한 사람들이 제과점을 열었다. 우리나라에서 가장 오래된 빵집인 군산 이성당도 일본인 히로세 야스타로(廣瀨安太郎)가 1910년대에 개업한 '이즈모야(出雲屋)' 제과점을 해방 이후 이 씨 성을 가진 한국인이 인수하여 '이성당'이라는 상호가 되었다.

일본 빵은 유럽 빵과 다르다. 유럽에서 빵은 주식이기 때문에 특별한 맛을 가미하지 않고 빵 그대로를 먹으며 잼과 버터, 샐러드와 음료 등을 곁들인다. 프랑스의 바게트와 이탈리아의 치아바타, 독일의 브뢰첸 등이 대표적이다. 반면 일본은 포르투갈에서 빵을 받아들였지만 이미 밥이라는 주식이 있었기 때문에 간식으로 빵을 먹었다. 빵 속에 단팥 같은 앙금을 집어넣어 맛을 낸 것도 간식으로 즐기기 위해서였다.

일본을 거쳐 한국에 뿌리내리기 시작한 빵 문화는 한국전쟁 이후 빠르게 성장했다. 전쟁이 끝난 뒤 가장 큰 문제는 역시 식량이었다. 전 국토가 초토화된 상태에서 주식인 쌀이 원활하게 공급될 리 없었다. 이때 마침 미국이 자국 내 잉여 농산물을 외국에 원조하는 법안을 통과시켰다. 1954년에 발효된 '농업 무역 및 개발 원조에 관한 법(PL480)'이 바로 그것인데, 이를 계기로 우리나라에 엄청난 양의 밀가루가 쏟아져 들어왔다.

여기에 우리 정부는 '혼분식 장려 정책'을 강하게 밀어붙였다. 쌀 중심의 전통 식단은 구닥다리 대우를 받았고 밀가루 예찬이 여기저기에 넘쳐났다. 매주 수요일과 토요일은 정부가 정한 '분식의 날'이었다. 몇몇 관변 단체는 '분식권장 궐기대회'를 개최하기도 했다. 영화관에서 상영하던 대한뉴스를 비롯해 각종 방송 프로그램과 매체에서 밀가루가 쌀보다 영양가가 높다는 보도가 줄을 이었다.

1960년대 말부터 시작된 이농 현상도 분식 문화를 확산시키는 데 일조했다. 일자리를 찾아 도시로 사람들이 몰리면서 전국의 교통 중심지인 대전은 그중에서도 인구가 가장 빠르게 증가하는 도시에 속했다. 고향을 등지고 꿈에 부풀어 도시로 떠나온 이 시대 많은 사람들에게 라면과 국수 등 상대적으로 저렴하고 간편한 밀가루 음식은 끼니를 해결해 주는 서민음식이었다.

반면 제과점의 빵은 고급스러운 이미지를 담당했다. 빵은 요즘 말로 하면 '핫한' 콘텐츠였다. 제과점은 단순히 빵만 파는 곳이 아니었다. 식탁과 의자가 놓여 있어서 만남과 사교가 일어나는 문화 공간이었다. 뜨거운 여름이면 에어컨의 시원한 바람을 쐴 수 있는 몇 안 되는 장소였고, 겨울이면 따뜻한 우유를 마시며 한두 시간을 보낼 수 있는 휴식 공간이었다.

이런 이미지 덕분에 맞선과 약혼식 같은 집안의 중요 행사들이 빵집에서 많이 열렸다. 서양 과자와 카스텔라가 고급 선물로 사랑 받았다. 연인들이 가장 선호하던 데이트 코스였음은 물론이다. 청소년들도 학교에서 정한 출입 금지령을 무릅쓰고 빵집에서 미팅과 연애를 이어 갔다.

1967년 대전 은행동에 자리한 성심당의 초창기 모습

1970년대 성심당 매장의 변화된 모습들

구원투수 임영진

1960~1970년대의 성심당도 다른 제과점과 다를 바가 없었다. 다만 성심당만큼은 청소년의 출입을 통제했다. 이유는 간단했다. 학교가 지정한 출입 금지 구역이기 때문이었다. 창업자 임길순의 단순 명쾌한 논리였다. 그래서 당시 빵집 카운터를 보던 딸들이 했던 가장 중요한 일은 교복 입은 학생의 출입을 막는 것이었다. 덕분에 성심당은 대전 지역 빵집 중에서도 맞선이나 약혼식이 주로 열리는 '어른들의 빵집'으로 기억된다. 물론 청소년 출입 금지 원칙이 2대 경영 때까지 이어진 것은 아니다.

　아들 영진은 초등학교 3학년 때부터 아버지를 도와 빵 배달을 시작했다. 자기 몸집보다 훨씬 큰 어른 자전거를 타고 성심당의 빵을 나눌 어려운 이웃들을 찾아다녔다. 밀가루를 실어 나르는 일도 영진의 몫이었다. 하지만 그밖에는 빵집 일에 직접 관여하지 않았다. 성심당을 가업으로 잇겠다는 생각도 그때는 없었다.

　영진은 고등학교를 졸업하고 1973년 충남대학교 섬유공학과에 입학했다. 1970년대 대한민국 경제를 이끈 것이 섬유산업이다. 중공업의 출발점이랄 수 있는 포항제철도 생긴 지 5년밖에 안 되던 때였고, 한국 굴지의 대기업은 제일모직과 한일합섬 같은 섬유기업들이었다. 하지만 영진이 대학에 입학하면서부터 조금씩 성심당 일을 할 수밖에 없는 상황이 생겼다. 바로 위 누님이 결혼하면서 매장을 지킬 사람이 없어졌기 때문이다. 아버지 임길순은 환갑을 훌쩍 넘긴 나이였고, 어머니 한순덕은 50대 중반을 달려가고 있었다. 영진은 학교 수업을 마치는 대로 달려와서 빵집 일을 거들었다.

그러던 어느 날 대형 사고가 터졌다. 1974년 여름, 공장장을 비롯한 제빵 기술자 다섯 명이 일제히 종적을 감춰버린 것이었다. 당시만 해도 영진의 가족과 직원들은 한집에서 생활하고 있었다. 기술을 익힌 사람들이 도시로 나와 숙식을 제공 받으며 일하는 게 흔한 시절이었다.

성심당은 주인이 제빵 기술을 가지고 있는 오너셰프 체제가 아니었다. 아버지 임길순은 빵보다는 나눔에 더 관심이 많았고, 어머니 한순덕은 초창기부터 몇 가지 빵을 만들기는 했지만 복잡한 기술은 몰랐다. 그래서 성심당은 공장장을 비롯해 제빵 기술자들을 직접 고용해서 빵집을 운영하고 있었다.

가게를 운영하는 데 필요한 핵심 기술이 주인에게 없다는 것은 치명적인 약점이었다. 그 약점을 누구보다도 잘 아는 기술자들이 집요하게 그 부분을 파고들기 시작했다. 툭하면 가불을 요구하고 습관적으로 태업을 일삼았다. 근무시간에 술을 마시고 춤추러 다니는 일까지 있었다. 기술자들에게 절대적으로 의존할 수밖에 없었던 한순덕은 울며 겨자 먹기로 그들의 요구를 들어주었다. 어떤 날은 아들 영진의 대학 입학 선물이었던 시계를 전당포에 맡기고 그 돈으로 가불해 주기도 했다.

그러나 언제까지 그런 식으로 끌려다닐 수는 없었다. 한순덕은 기술자들에게 더 이상의 가불은 불가하다고 통보했다. 한순덕의 의지가 확고하다는 사실을 확인한 공장장은 그날 밤 자기 아래 있던 기술자 네 명을 데리고 성심당을 떠나버렸다. 하루아침에 성심당은 제빵 기술자 한 명 없는 빵집으로 전락했다.

사실 제빵 기술자들 때문에 속앓이를 한 제과점은 성심당뿐만이 아니었다. 그때는 제과점 숫자에 비해 기술자 숫자가 현저히 부족했기 때문에 그들의 위세는 대단했다. 제과점 인기가 좋아서 너도나도 제과점을 창업했지만, 기술자가 배출되는 속도는 더디기만 했다. 제과점 주인 중에는 좋은 기술자를 구하러 전국을 누비는 사람도 있었다. 워낙 사람 구하기가 어렵다 보니 제대로 검증도 못하고 우선 급한 대로 쓰고 보는 풍조였다. 그만큼 제과점은 직원 문제로 바람 잘 날이 없었고, 기술자 입장에서는 일자리가 널려 있었다. 굳이 자기 평판을 관리하지 않아도 얼마든지 취업할 수 있었다. 성심당의 공장장도 그래서 과감하게 뛰쳐나갈 수 있었던 것이다.

당시 제과점 구인난이 얼마나 심각했는지를 보여 주는 사건이 하나 있다. 1970년대 대전에서 가장 큰 빵집 한 곳이 직원 문제로 전국에 유명세를 치른 것이다. 1977년 어느 날 신참 직원 한 명이 동료들의 호주머니를 뒤져 현금과 손목시계를 훔친 뒤 사라진 사건이 발생했다. 나중에 알고 보니 그 직원은 서울에서 할머니 두 명을 살해하고 전국에 수배된 살인범이었다. 부산으로 도주한 그는 다시 몇몇 제과점을 전전하다가 서울의 한 도넛 가게에 취직하면서 경찰에 붙잡혔다. 제과업계에 묻지마 채용이 워낙 많다 보니 범죄자들에게도 좋은 은신처 역할을 했던 것이다.

사정이 이 정도이다 보니 공장장과 기술자들이 다 나가버린 성심당은 대체 인력을 구할 방법이 막막했다. 가게의 생명은 약속된 시간에 거르지 않고 문을 여는 데 있다. 성심당 역시 빵집으로 생존하기 위해서는 무슨 수를 쓰더라도 문을 열어야 했다. 기술자들이 사라졌으니 하는 수 없이 식구들이 달라붙어야 했다. 그나마 한순덕은 빵을 조금 만들 줄 알았고, 어깨 너머로 빵집 돌아가는 모습을 지켜봐 온 아들 영진도 본격적으로 팔을 걷어붙이고 반죽을 만들기 시작했다.

그러나 간절하다고 해서 없던 기술이 생겨나지는 않았다. 가족들이 다 달라붙어도 기껏해야 앙금빵 정도를 만들어서 진열대에 내놓는 수준이었다. 영진은 그때부터 제빵 기술 책을 파고들기 시작했다. 옆에 책을 펴놓고 며칠씩 밤을 새가며 열정적으로 매달렸다.

케이크를 처음 만들 때의 일이다. 케이크는 일반 빵과 만드는 방법이 완전히 다르다. 어찌어찌 케이크 시트까지는 만들었지만 그 다음은 책으로도 해결할 수 없었다. 직접 배우는 수밖에 없었다. 영진은 케이크 시트를 들고 이웃 빵집들을 찾아다니며 물어물어 버터크림으로 데코레이션하는 방법을 배웠다. 그렇게 영진은 빵의 세계로 한 걸음씩 들어가기 시작했다.

갓 20대에 접어든 영진은 빠르게 기술을 습득했다. 성심당을 정상화시켜야 한다는 압박감 때문만은 아니었다. 어쩔 수 없이 제빵 세계에 발을 들여놓기는 했지만 생각보다 그 세계가 흥미롭고 오묘하고 또 매력적이었다. 빵을 지배하는 발효균은 그냥 균이 아니었다. 살아 있는 생물체였고 빵에 맛과 에너지를 만들어 내는 창조자이기도 했다. 반죽도 오묘하기는 마찬가지였다. 온도와 습도, 수분 함유량에 따라 반죽은 천의 얼굴로 둔갑했다. 오븐에 굽는 온도와 시간에 따라 새로운 모양과 색깔로 태어나는 과정 또한 경이로웠다.

직접 뛰어든 제빵 세계는 어깨 너머로 구경하던 때와는 확실히 달랐다. 밤잠을 설치며 빵을 만드는 모습을 보고 혹자는 독하다고 혀를 내둘렀지만 영진은 빵의 매력에 깊이 빠져들고 있었다. 기술자들이 떠나며 생긴 성심당의 위기는 이렇게 새로운 기회로 바뀌고 있었다. 새로운 성심당을 예고하는 혁신의 씨앗이 이때 뿌려졌다.

전문 제과점 시대

제빵의 관점에서 보면 1980년대는 '전문 제과점 전성시대'였다. 1970년대에도 빵 수요가 엄청났지만 시장을 주도한 것은 어디까지나 '삼립' 같은 양산 업체들이었다. 이들 기업에서 대량으로 생산한 빵은 유통기한이 길어서 동네 슈퍼나 구멍가게에서 제법 오랫동안 진열할 수 있었다. 그러나 1980년대에 들어서면서 사람들이 빵을 대하는 시각 자체가 바뀌기 시작했다. 아니 세상을 바라보는 우리의 시각이 바뀌었다는 게 정확할 것이다.

1980년대는 86년 아시안게임과 88년 서울올림픽이라는 대형 국제 행사를 치른 시대였다. 국가 정책 우선순위가 이들 국제 대회를 기준으로 세워졌다. 국민들의 시선도 처음으로 바깥 세상을 향하기 시작했다. 밖에서 바라보는 대한민국이 어떻게 비칠지, 또 바깥 세상은 어떻게 돌아가고 있는지를 상상하며 새로운 대한민국의 정체성을 만들어 갔다. 게다가 경제 호황도 겹쳤다. 저금리, 저유가, 저달러의 3저 호황 덕분에 사회의 중간층이 두터워졌다. 상당수의 청소년들이 단군 이래 처음으로 '용돈'이란 것을 받기 시작했다.

　풍요 속에서 넓은 세상을 바라보면 기존에 알던 것들도 다르게 보이기 마련이다. 그중에 빵도 있었다. 배고프던 시절에는 허기를 면하는 것이 우선이었지만 세계인과 함께 어깨동무해야 할 1980년대는 조금 다른 관점을 요구했다. 허기를 면하는 빵이 아니라 맛있고 건강하고 신선한 빵이 주목받았다. 비닐봉지에 포장돼 진열대에 차갑게 누워 있는 빵이 아니라 오븐에서 갓 나와 구수한 향기를 풍기는 빵, 따뜻한 온기와 부드러운 식감을 바로 느낄 수 있는 새로운 빵의 시대가 열린 것이다.

　이런 흐름에 따라 1980년대에 들어 전문 제과점 숫자가 폭발적으로 증가했다. 1986년 매일경제의 기사를 보면 1981년만 해도 전국의 제과점 숫자는 2,000개를 넘지 않았다. 그런데 1984년에 6,954개, 1985년 말에는 7,862개로 대폭 늘어났다.(출처: 주영하, <식탁 위의 한국사>, 휴머니스트) 웬만한 크기의 동네라면 제빵 기계를 갖추고 직접 빵을 구워 내는 제과점 하나쯤은 기본으로 자리하고 있을 정도였다. 조금 과장해서 표현하면 아침 출근길과 저녁 퇴근길 골목에서 빵 굽는 냄새가 진동하지 않는 곳이 없었다.

튀김소보로, 네버 엔딩 스토리

1980년은 영진이 성심당의 제빵 일에 발을 들여놓은 지 6년이 지난 해였다. 영진은 대학을 졸업하고 공군에 입대해 현역 장교로 부대와 빵집을 오갔다. 한때 공장장과 기술자가 이탈하는 홍역을 치렀지만 위기 상황에 영진이 중심을 잡으면서 조직도 안정을 찾았다. 제빵 기술자들의 고집과 자기 규율은 여전했지만 경영자와의 관계는 돈독한 편이었다.

아버지 임길순은 특히 나이 어린 제빵사들에게 각별한 정을 나누었다. 배움이 부족한 직원들은 야간 학교를 보내서라도 고등학교 졸업장을 받게 했다. 학교에 보내기 전에는 반드시 시골에 계신 부모님을 성심당으로 모시고 오게 했다.

자녀를 교육시키는 데 동의를 구하고 또 동기도 부여하기 위해서였다. 물론 학비는 성심당에서 댔다. 경영자와 기술자 사이에 이런 신뢰가 차곡차곡 쌓이며 혁신의 싹이 자라기 시작했다.

당시만 해도 빵 종류는 그리 많지 않았다. 단팥빵과 크림빵, 소보루, 도넛이 대부분이었고 배고픈 청소년들을 생각해 크게 만든 맘모스빵이 제법 인기를 끄는 정도였다. 대전에 여러 빵집이 있었지만 다들 엇비슷한 빵을 팔고 있었다. 기술만 있으면 전국 어디서든 일할 수 있던 시대였기 때문에 제빵사들은 정해진 레시피의 틀을 웬만해선 벗어나려고 하지 않았다. 현상 유지만 해도 얼마든지 돈을 벌 수 있으니 어쩌면 당연한 태도였는지도 모르겠다.

그즈음 새 공장장으로 오용식이 성심당에 들어왔다. 영진과 오 공장장은 호흡이 제법 잘 맞았다.

"오 공장장님은 아이디어가 참 많았습니다. 시도하고 싶은 것이 많았죠. 저와 소통도 잘 됐습니다. 틈만 나면 빵 이야기를 나눴어요. 재료부터 만드는 법까지 빵과 관련된 모든 것이 이야기의 소재가 됐습니다."

그 과정에서 새로운 상품 하나가 서서히 세상 밖으로 나올 준비를 했다. 대중에 널리 알려진, 훗날 성심당 최고의 히트 상품으로 등극할 '튀김소보로'였다. 영진은 당시 빵집들의 주메뉴였던 단팥빵과 소보로, 그리고 도넛 세 가지를 동시에 맛볼 수 있는 빵을 고민하고 있었다. 단팥빵의 달콤함, 소보로의 고소함, 도넛의 바삭함을 더하고 거기에 초콜릿까지 입힌다면? 성심당만의 독특한 제품을 개발하겠다는 영진의 열망과 오 공장장의 아이디어가 만나 본격적인 제품개발이 이뤄졌다. 수차례 실험 끝에 두 사람은 지금까지 없던 새로운 빵을 탄생시켰다. 그리고 마침내 야심차게 준비한 신제품의 첫 선을 보이는 날이 다가왔다.

영진은 튀김소보로를 만드는 생산 라인을 손님도 볼 수 있게 매장 안에 설치하기로 했다. 그때만 해도 불량식품이 심각한 사회 문제였다. 1978년 9월에는 농약 묻은 번데기를 먹은 어린이들이 집단 식중독을 알으켜 열 명이 사망하는 사건도 있었다. 먹을거리에 대한 사회 불신이 극에 달하고 있었다. 튀김 요리에 쓰는 기름은 며칠을 쓴 것인지 알 길이 없었다.

당시 대부분의 빵 공장은 어둡고 칙칙한 곳에 있었다. 영진은 과감하게 발상을 뒤집었다. 손님 눈앞에서 빵을 만드는 과정을 보여주면 제품의 질에 관한 모든 논란이 불식될 거라고 생각했다. 특히 프라이어를 밖으로 끄집어내어 어떤 기름으로 어떻게 튀기는지 손님이 직접 볼 수 있게 했다.

1980년 5월 20일, 단팥빵과 소보로, 도넛의 3단 합체품 튀김소보로가 성심당 매장에서 튀겨지기 시작했다. 자글자글 기름 끓는 소리와 고소한 냄새가 은행동 골목에 퍼져나갔다. 하나둘 손님이 모여들어 보기에도 푸짐한 소보로 빵을 기름에 튀기는 신기한 모습을 구경했다.

　뭔가를 구경하는 모습만큼 지나가는 행인의 호기심을 자극하는 장면이 또 있을까? 구경하던 손님들의 뒷모습이 다른 손님을 부르는 상황이 벌어졌다. 첫날부터 튀김소보로 줄이 길게 늘어섰다. 반죽이 뜨거운 기름 속에 들어가 흰색에서 노란색으로, 또 마침내 붉은색으로 익어 꺼낼 때쯤이면 손님들의 입안은 이미 침으로 가득 고여 있었다. 시각과 청각, 그리고 후각까지 총동원한 기다림은 바로 구매로 이어졌다.

　기다린 시간이 아까웠는지 갓 구워낸 튀김소보로를 싹쓸이하는 손님들이 등장했다. 뒷쪽 손님들 사이에서 불만과 고성이 터져 나왔다. 거듭되는 싹쓸이는 다른 손님을 더 오래 기다리게 만들었고, 더 오래 기다린 손님들은 더 많이 싹쓸이하고 싶어하는 악순환이 벌어졌다. 급기야 고성을 주고받던 손님들이 서로 머리카락을 움켜쥐고 육탄전을 벌이는 일까지 생겼다. 이때 번호표 아이디어가 등장했다. 은행에서 번호표 서비스를 시작하기 훨씬 전의 일이었다. 성심당은 번호표에 미리 구입할 개수를 미리 적게 했다. 수량도 세 개까지로 제한했다. 한번은 어떤 손님이 번호표를 찢어 두 개로 만들어 여섯 개를 구입하는 일이 있었다. 점원은 그 편법을 눈치채지 못했지만 바로 뒤에서 시퍼렇게 두 눈을 뜨고 감시하는 손님들이 줄지어 서 있었다. 또 싸움이 일어났다.

튀김소보로는 갖가지 신드롬을 만들어 냈다. 어느덧 대전 시민은 튀김소보로를 먹어 본 사람과 그렇지 않은 사람으로 나뉘었다. 빵에도 팬덤이 형성될 수 있다는 사실이 모두를 즐겁게 했다. 튀김소보로가 엄청나게 인기를 끌면서 성심당은 자기만의 색깔을 만들어 갔다. 명성으로나 규모로나 다른 빵집들을 추월하기 시작했다. 중앙로에서 두 블록 안쪽 은행동 153번지에 자리 잡은 불리한 입지도 거뜬하게 극복해 냈다.

하지만 튀김소보로는 여전히 미완성이다. 영진과 공장장이 처음 고안했던 아이디어는 기름에 튀겨낸 뒤 식혀서 초콜릿시럽을 입히는 것까지였다. 계획대로였다면 지금 성심당의 새로운 인기 빵 중 하나인 '카카오순정'과 모양이 비슷하지 않았을까? 그러나 미처 식히기도 전에 다 팔려 나가는 통에 이제껏 단 한 번도 튀김소보로는 완성된 적이 없다. 여전히 미완의 튀김소보로가 성심당의 전설이 되고 있을 뿐.

미술 교생 김미진

튀김소보로가 탄생한 1980년, 한남대학교 미술교육과에 재학 중이던 미진은 친구가 사온 튀김소보로를 처음 맛보았다. 미진은 성심당이란 빵집이 대전 은행동 어딘가에 있다는 사실만 알았지 정확한 위치까지는 모르고 있었다.

당시 대전의 유명 빵집은 모조리 충남도청에서 대전역까지 이어진 중앙로에 자리하고 있었다. 중앙로에서 두 블록이나 안쪽에 자리 잡은 성심당은 미진의 평소 동선과는 동떨어져 있었다. 미진뿐만 아니라 보통의 대전 시민에게도 마찬가지였다. 제과점들 사이에 특별한 차이가 없던 시절에는 번화가에 자리한 빵집이 우선이었다. 시내에 나간 김에 빵집에 들르는 게 일반이었다. 그런 미진에게 튀김소보로가 성큼 다가왔다.

"친구가 요즘 유명한 거라며 먹어 보라고 튀김소보로를 권했어요. 처음 입에 물었는데 정말 맛있었어요. 어디선가 댕~ 하고 종소리가 들려오는 것 같았죠."

미진은 깜짝 놀랐다. 도대체 이 맛은 무엇일까? 분명 익숙한 맛인데 동시에 새롭기 그지없었다. 그 후로도 미진은 여러 차례 튀김소보로를 맛보았다. 하지만 줄까지 서서 먹는 성심당의 광팬은 아니었다. 미진에게 성심당은 이듬해인 1981년에 전혀 예상치 못한 모습으로 다가왔다.

대학교 4학년 가을, 졸업 전 교직 이수를 위해 마쳐야 할 마지막 과목은 교생실습이었다. 천성이 재빠르지 못했던 미진은 희망학교를 써내는 타이밍을 놓치는 바람에 여학생 들이 가장 기피하던 남자 고등학교에 배치됐다. 미진은 그 학교 개교 이래 처음 맞이하는 여자 교생이었다. 생전 처음 남자들만 있는 공간에서 하루를 보내야 한다는 사실이 큰 부 담이었지만, 미진은 한 달간의 실습을 재미있게 마무리했다.

실습이 끝날 무렵 맡은 반의 담임 선생님이 혹시 만나 는 사람이 있냐고 말을 걸어왔다. 그는 한 달여 미진을 지켜 본 뒤 친구 영진을 소개해 주기로 마음먹었다. 당시 영진은 아버지 임길순에게 성심당 경영을 공식적으로 인계 받은 상 태였고, 미진을 만난 것은 성심당의 2대 경영이 시작된 바로 그해였다.

1981년 10월 어느 날, 졸업을 앞둔 여대생 미진은 영진 을 처음 만났다. 알고 보니 지난해 신선한 충격을 안겨준 튀 김소보로를 개발한 장본인이었다. 첫 만남의 분위기는 나쁘 지 않았지만 일반적인 청춘남녀의 만남과는 사뭇 달랐다. 스 물세 살의 미진은 이제 막 사회생활을 시작하려는 예비 졸업 생이었고, 스물여덟의 영진은 이미 사회생활에 잔뼈가 굵은 어른이었다. 대학교 1학년때부터 본격적으로 빵집 일에 뛰어든 영진은 학창시절 내내 학업과 집안일을 병행했다. 공군 대위로 전역하며 군복무까지 끝마친 그는 이제 새로 성심당 대표를 맡아 직원들의 생계까지 책임져야 하는 상태였다.

그런 영진의 눈에 미진은 한없이 어려 보일 수밖에 없었다. 소개팅에 나온 여성이라기보다는 여동생이나 조카를 대하는 것 같았다. 반대로 미진의 눈에 비친 영진은 영락없는 '아저씨'였다. 둥글둥글한 영진의 인상이 빵집 사장님이라는 자리와 무척 잘 어울린다고 생각했다.

"소개팅이 끝나고 친구들과 만나서 수다를 떨었어요. 그 아저씨가 완전 빵처럼 생겼다고 깔깔거리며 한참 웃었죠."

미진은 영진의 푸근한 아저씨 인상이 싫지 않았다. 영진도 착하고 순수한 미진에게 호감을 느꼈다.

"그날 만나서 빵집 이야기를 많이 했어요. 그때 성심당에서 보리빵을 새로 출시했어요. 일종의 웰빙빵인데, 당뇨병 같은 성인병 예방에 좋았죠. 그 내용을 홍보하는 광고판을 하나 만들어 보라고 권했어요."

미술을 전공한 미진에게 영진은 선뜻 성심당 쇼윈도에 붙일 홍보물을 제작해 달라고 부탁했다. 미진도 흔쾌히 응했다. 일과 연결되면서 만남도 자연스럽게 이어졌다. 두 사람의 관계는 성심당 일을 함께 하면서 점차 깊어졌다.

영진은 그즈음 한창 안팎으로 결혼 압박을 받고 있었다. 성심당 경영을 맡았으니 집안과 가게 살림을 도맡을 안주인이 필요하다는 것이었다. 그러나 영진의 생각은 조금 달랐다. 결혼을 하더라도 아내는 가게 카운터에 앉히지 않겠다는 것이 그의 신념이었다. 매일 현금을 만지며 입출금을 따져야 하는 역할을 아내에게 맡기고 싶지 않았다.

두 사람의 결혼이 마냥 순탄했던 것은 아니다. 미진의 집안에서 제법 반대가 있었다. 한국제분 계열사인 쌀도정 공장 사장이었던 미진의 아버지는 장사하는 집안에 딸을 시집보낸다는 사실이 우선 마뜩찮았다. 게다가 함경도에서 내려온 피난민 가족이란 사실도 부담스러웠다. 왠지 낯설고 험한 곳에 시집가서 고생하면 어떡하나 걱정이 앞섰다.

미진도 마음 한편에 적지 않은 부담이 있었다. 성심당 가족은 그때 이미 대전 가톨릭 교회에서 '성가정(聖家庭)'으로 정평이 나 있었다. 아버지 임길순 때부터 이어진 나눔을 대전에 있는 가톨릭 신자라면 모르는 사람이 없을 정도였다. 신앙생활에 그렇게 열심이지 않았던 미진에게 성가정이라는 평판은 녹록지 않은 짐이 될 것 같았다.

영진의 집안에서도 우려하는 시각이 있었다. 공부하고 그림 그리는 것 말고는 마땅히 해 본 것 없이 곱게 자란 미진이 과연 성심당의 안주인 역할을 제대로 해낼 수 있을지 걱정

했다. 하지만 아내에게 카운터를 맡기지 않겠다고 다짐한 영
진에게는 미진의 경험 부족이 전혀 문제가 되지 않았다. 영진
은 미진을 만나기 전부터 가족이 아닌 직원을 카운터에 앉혀
금전 출납을 관리하고 있었다.

양가의 걱정과 우려가 만만치 않았지만 이미 서로를 신
뢰하는 사이로 발전한 두 사람에게는 걸림돌이 되지 않았다.
마침내 미진과 영진은 결혼을 결심하며 마음을 다잡았다.
1982년 6월 13일, 두 사람은 부부가 되었다.

대전 문화1번지 대흥동

성심당이 은행동 153번지로 이전한 1970년대에만 해도 대
흥동 일대는 성당과 몇몇 관공서, 그리고 은행만 자리한 휑
한 거리였다. 그러나 시간이 흐르면서 상권은 중앙로를 중심
으로 큰 폭으로 확대되어 대흥동 일대를 포섭하기 시작했다.
사람이 몰려들자 다양한 문화 시설과 카페들도 잇따라 들
어섰다. 대흥동이 대전의 문화중심지로 성장하기 시작한 것
이다.

1980년대 대전에는 박물관이나 기념관 같은 문화 공

간이 매우 부족했다. 교통의 중심지로 각광 받으면서 다양한 문화예술인들이 대전에 터를 잡았지만 막상 그들이 자기 창작 활동을 펼칠 만한 공간은 부족했다. 이와 같은 수요는 대흥동만의 상업 문화 공간을 만들어 내는 결과를 낳았다. 서점과 레코드점, 그리고 악기점 등이 문화 개척자 역할을 했다.

이들 공간은 단순히 서비스와 상품을 사고파는 점포가 아니었다. 그곳은 대흥동을 중심으로 터를 잡은 대전의 예술인들이 문화를 향유하려는 시민과 만나서 소통하는 일종의 사교와 홍보의 공간이기도 했다. 대흥동의 '솔거책방', '비엔나악기', '아트레코드', '삼익피아노', '일신필방' 등을 거치고 나면 대전의 문화예술계가 어떻게 돌아가고 있는지 단번에 알아차릴 수 있었고, 따끈따끈한 공연과 전시 소식도 접할 수 있었다.

특히 대흥동 화방은 대전 지역 미술인뿐만 아니라 우리나라 중부권 미술계를 대표하는 공간이었다. '오원화랑'을 비롯해 '현대화랑', '신신화랑', '쌍인갤러리', '중앙갤러리', '예가화랑', '우성화랑', '청록화랑', '여일미술관', '홍익화실', '목산화방', '제일화방' 등이 밀집해 있으면서 중부권 작가들이 서로 소통하고 또 작품을 발표하는 자리가 줄을 이었다.

소극장들도 속속 생겨났다. 1980년대 이전에는 대흥동 성당 바로 옆에 세워진 가톨릭문화회관과 대전문화원 등이 대전의 실질적인 문화발전소 역할을 했다. 이곳에서 10년 넘게 꾸준히 열린 각종 연극과 공연들이 토양이 되어 1980년대에는 소극장 붐으로 이어졌다. 대흥동의 대표 소극장으로는 1979년 유락백화점 3층에 자리 잡은 '떼아뜨르'와 1984년에 문을 연 '앙상블'이 있었다.

이쯤 되니 대흥동에 자리 잡은 카페와 주점들도 단순한 유흥 공간 그 이상이었다. 서로 다른 분야의 예술인들도 대흥동의 카페와 주점에서 만나고 소통하고 또 의기투합했다. '로즈가든', 찻집 '공간사랑', '예원다방', '마음의 고향', '만종', '브라암스' 등이 바로 그런 곳들이었다. 이곳에서 시화전을 개최하거나 시 낭송회, 음악 감상 모임 등이 자주 결성되었다. 문화예술인들이 직접 운영하는 공간도 적지 않았다. 우리나라 최초의 컨트리 가수 이정명은 커피전문점 '팔로미노'를 열어 대전의 첫 번째 대중음악 전초 기지를 마련했다.

영화관이 대흥동으로 몰려든 것은 어쩌면 당연한 결과였다. 당시 중앙로에서 대흥동으로 들어가는 거리는 '대전극장통'이라는 별명을 가지고 있었다. 여기에는 '대전극장'과 '스카라극장', '명화극장', 그리고 '서라벌극장' 등이 자리를 잡으면서 남녀노소를 불문하고 대전 시민을 끌어모으는 구심점으로 기능했다.

문화와 상권이 조화를 이루면서 1980년대의 대흥동 일대는 최고의 전성기를 구가했다. 대전에서 가장 새롭고 뜨거운 문화가 그곳에 있었고, 젊은이들이 구름처럼 몰려들며 활력이 넘쳤다. 그 가운데 성심당도 당당한 주역으로 자리를 잡았다. 튀김소보로를 앞세워 대흥동의 인기를 주도하는 주인공으로 앞장선 것이다.

혁신의 아이콘 포장빙수

튀김소보로가 크게 인기를 끌면서 성심당은 대전 최고의 제과점 자리에 올랐다. 그러나 성심당에 튀김소보로만 있었던 것은 아니다. 여름이 되면 튀김소보로보다 팥빙수가 더 인기였다. 아이스크림 종류가 그렇게 많지 않았던 시절 팥빙수는 최고의 여름 간식이었고, 특히 성심당 팥빙수는 대전 시민에게 큰 사랑을 받았다.

튀김소보로와 마찬가지로 팥빙수를 먹으려는 줄도 길게 늘어섰다. 대부분이 그 자리에서 먹고 가는 손님이었지만 몇몇 손님은 냄비를 들고 와서 팥빙수를 받아 가져가기도 했다. 영진은 그 손님들이 마음에 걸렸다. 한여름 뙤약볕에 양은 냄비로 팥빙수를 날라 먹는다면, 아무리 집이 가까워도 제 맛을 즐기긴 어려울 것이다. 그래서 고민하기 시작했다. 어떻게 하면 집에서도 녹지 않고 시원한 팥빙수를 즐길 수 있을까?

고민하던 영진의 머릿속에 병원에서 본 장면 하나가 문득 떠올랐다. 바로 링거병을 보관하던 스티로폼 박스였다. 링거액의 신선도를 유지하기 위해 쓰는 스티로폼 박스를 팥빙수에도 적용하면 어떨까? 영진은 당장 스티로폼 박스를 구해서 반을 잘라 그 안에 빙수를 넣고 실험해 보았다. 한여름 땡볕 아래에서 그 박스를 철봉에 매달고 녹을 때까지 흔들어도 봤다. 여러 차례 실험을 거쳐 빙수가 스티로폼 박스 안에서 세 시간을 버틴다는 사실을 알아냈다. 세 시간이면 제법 먼 거리도 감당할 수 있는 시간이다. 곧바로 스티로폼 포장 박스를 디자인해서 '3시간 氷 OK 포장빙수'가 탄생했다. 1983년 여름, 전국 최초의 포장빙수였다.

대전 시민의 반응은 그야말로 열광적이었다. 포장빙수는 특히 선물용으로 날개 돋친 듯 팔려 나갔다. 심지어 대전역과 고속버스터미널에도 성심당표 포장빙수를 손에 든 사람들이 속속 등장했다. 세 시간 동안 녹지 않으니 서울까지도 들고 갈 수 있었다. 서울에도 없던 포장빙수가 대전에서 먼저 생긴 것은 대전 시민의 자랑거리였다.

포장빙수는 전국적인 인기를 끌면서 순식간에 제과업계를 강타했다. 전국의 제과점들도 이듬해부터 앞다퉈 포장빙수를 출시하기 시작했다. 영진의 아이디어는 전국으로 확산돼 한동안 제과점들의 여름 효자상품이 됐다. 포장빙수로 인기를 끈 거제도의 한 제과점은 성심당에 고맙다는 인사로 거제도 멸치를 보내기도 했다.

한국에서 두 번째 생크림 케이크

1982년 6월에 결혼한 영진과 미진 부부는 신혼여행지로 일본을 선택했다. 그때만 해도 해외여행이 자유롭지 못한 시기였지만 영진의 의지는 확고했다. 우리나라의 빵 문화가 일본에서 비롯된 만큼 일본 현지에서 배울 점이 많다고 여겼기 때문이다. 그렇게 신혼부부는 '출장 같은' 여행을 떠났다. 이때 일본에서 방문한 많은 빵집은 훗날 성심당을 발전시키는 중요한 자산이 되었다.

두 사람은 도쿄 여행 중에 '몽블랑'이라는 빵집에 들렀는데 거기서 신기한 케이크 하나를 맛보았다. 바로 생크림 케이크였다. 당시 우리나라에서 케이크라면 느끼하고 딱딱한 버터크림 케이크가 전부였다. 모양이 좋아서 각종 기념일의 단골이었지만 막상 이벤트를 끝내고 먹을 때는 버터크림을 다 걷어내고 케이크 시트 위주로 먹었다. 그런데 일본에서 맛본 생크림은 버터크림과 완전히 달랐다. 부드러우면서 달지도 않았다. 이런 케이크가 가능하다니! 영진이 처음 맛본 생크림 케이크는 그야말로 '충격'이었다.

신혼여행에서 돌아온 영진은 생크림 케이크를 만들고 싶은 열망으로 가득했지만 아직 우리나라에는 생크림 케이크를 만드는 빵집도, 기술자도 없었다. 한참이나 전국을 수소문한 끝에 서울 역삼동의 어느 제과점에 생크림 케이크를 만들 줄 아는 일본인 기술자가 있다는 사실을 알아냈다. 영진은 제과사를 찾아가 기술 전수를 부탁했다. 일본 여행에서 돌아온 지 3년이 더 지난 1985년, 드디어 성심당은 전국에서 두 번째로 생크림 케이크를 출시했다.

그런데 생각지도 못한 난관에 부딪혔다. 생크림은 버터크림과 완전히 달라서 시간이 흐르면 크림이 녹아내리는 것이었다. 녹는 시간도 상당히 빨랐다. 심지어 먹는 도중에 케이크 모양이 허물어지는 경우도 있었다. 보름 동안 형태를 유지하는 버터크림과 너무나도 비교가 됐다. 버터크림에 익숙한 손님들이 불평을 늘어놓는 건 당연했다. 생크림 케이크

를 처음 본 사람들은 혹시 상한 것이 아니냐며 고개를 갸우
뚱했다.

판매 실적도 형편없었다. 열 개를 만들면 한 개를 겨우
팔았다. 물론 팔지 못한 아홉 개는 그날 저녁 복지 시설로 향
했다. 덕분에 복지 시설 친구들은 우리나라에서 생크림 케이
크를 가장 먼저 맛본 사람에 속했다. 케이크는 다른 빵과 달
리 원가도 많이 들었다. 연일 계속되는 판매 부진은 큰 부담
으로 다가왔다.

그러던 어느 날, 성당의 수녀님 한 분이 주교님의 병문
안을 가면서 성심당의 생크림 케이크를 선물로 가져갔다. 아
픈 분에게 딱딱한 버터크림 케이크를 선물로 가져갈 수는 없
다는 단순한 생각으로 생크림을 선택한 것인데, 이 케이크가
교인들 사이에 화제를 불러일으켰다. 이후 하나둘 손님들의
구매가 늘어났다.

수녀님의 구매에 용기를 얻은 영진은 발상을 바꿔보기
로 했다. 오랫동안 모양을 유지할 수 있는 생크림 케이크를
만드는 대신 짧은 유통기간을 장점으로 부각시키기로 했다.
영진은 즉시성에 주목했다. 그리고 '3분 즉석 케이크'라는 새
로운 타이틀을 적용, 케이크 매장에 시트만 준비해 두고 손
님이 생크림 케이크를 주문하면 제빵사가 손님이 보는 앞에
서 3분 만에 생크림을 직접 얹어 다양한 디자인을 연출했다.

새하얀 모습으로 아름답게 탄생하는 케이크를 눈앞에서 직접 목격하는 것 자체가 훌륭한 구경거리이자 퍼포먼스였다. 튀김소보로가 구워지는 과정을 지켜보는 것과 유사한 방식이었다.

대전 전역에 입소문이 나기 시작했다. 하루도 제대로 모양을 유지하지 못하던 허약한 케이크는 순식간에 그 어떤 음식보다도 '신선한 케이크'로 재평가를 받으며 화려하게 부활했다. 서울 가는 손님들도 생크림 케이크를 사들고 버스와 기차에 오르기 시작했다. 당시엔 서울에서도 생크림 케이크는 생소한 존재였다.

지금도 별반 다르지 않지만 그 당시 모든 새로운 것은 서울에 있었다. 온갖 사람과 기술이 모였고 신기하고 재미있는 것들도 가장 먼저 서울에서 시작했다. 서울에 차고 넘치면 그제야 지방으로 하나둘 새로운 문화가 퍼져 나갔다. 지방에 사는 많은 사람들은 서울을 동경하는 것과 동시에 상대적인 박탈감을 느끼기도 했다. 편리한 교통으로 다른 어느 지역보다 서울에 드나들 기회가 많았던 대전 사람들도 상황은 마찬가지였다. 그런데 성심당이 서울 빵집에서도 보기 어려운 포장 빙수와 생크림 케이크를 연달아 내놓자 대전 시민은 환호하면서 성심당의 빙수와 케이크를 자랑하기 시작했다. 이때부터 '성심당은 대전의 자부심입니다', '성심당은 대전의 문화

입니다'라는 슬로건이 등장했다. 모두 대전 시민이 직접 지어
준 것이었다.

트렌드세터 성심당

일본 신혼여행에서 영진이 생크림 케이크에 빠졌다면, 미진
이 눈여겨본 것은 따로 있었다. 미술을 전공한 미진은 빛과
색깔에 민감했다. 그들 부부가 일본의 빵집들을 둘러보며 놀
랐던 것 중에 하나는 같은 빵도 달라 보인다는 것이었다. 한
국이랑 다를 바가 없는 똑같은 단팥빵인데 일본에서 보는 단
팥빵은 색깔부터 달랐다. 무엇이 한국 빵과 일본 빵을 달리
보이게 했을까?

그 원인은 조명이었다. 당시 우리나라 빵집들은 거의 예
외 없이 진열대에 백열등을 사용했다. 그러나 일본에선 할로
겐 전구를 사용하고 있었다. 할로겐 조명은 광색과 광채가
아름다워서 피사체를 더욱 돋보이게 하는 특징이 있다. 같은
조건이라면 일반 백열등보다 두 배 밝고 색온도가 높으며,
조도도 일정해 안정감을 준다. 특히 전구 크기가 작고 다양
해서 다채로운 표현이 가능하다.

　　신혼여행에서 돌아오자마자 미진은 조명을 바꾸었다. 어딜 가나 비슷해 보이던 빵들이 성심당에서는 조금씩 달리 보였다. 다른 빵집보다 훨씬 밝았고, 또 따뜻해 보였다. 백화점에 진열된 명품이나 미술관에 전시된 그림처럼 빵이 돋보이기 시작했다. 보기 좋은 떡이 먹기에도 좋다는 속담은 성심당 빵에도 그대로 적용됐다. 보기 좋은 성심당 빵은 먹기에도 좋았다.

　　빵집 카운터 자리를 면한 덕분에 미진은 좀 더 성심당을 객관적으로 바라볼 수 있었다. 제3자의 시선은 새로운 아이디어를 열어주는 열쇠 같은 역할을 했다. 대학을 갓 졸업한 20대 중반의 미술전공자 눈에 성심당은 시도해 볼 만한 일이 너무 많은 신세계였다. 신혼여행 때 보았던 일본의 도시 구석구석이 큰 도움이 됐다. 당시 일본에선 주유소에도 바람개비가 돌아갔다. 손님들의 눈길을 끌기 위한 도시 곳곳의 새로운 시도들이 미진의 이목을 끌었다.

　　미진이 성심당 안주인이 된 뒤에 시도한 이벤트는 대부분 '업계 최초'였다. 사은품 이벤트도 미진의 아이디어에서 시작됐다. 그때만 해도 손님에게 덤으로 상품을 얹어 주는 사은품 마케팅은 접하기 쉽지 않았다. 미진은 당시 인기 있던 연예인 책받침과 바람개비를 나누어 주는 등 손님의 이목을 이끄는 다양한 사은품 이벤트를 계획했다.

발렌타인데이 이벤트를 제과점에서 처음 시도한 사람도 바로 미진이었다. 1980년대 초만 해도 발렌타인데이가 무슨 날인지 아는 사람이 많지 않았다. 잡지를 뒤적이다 발렌타인데이에 얽힌 이야기를 접한 미진은 이를 성심당에 적용하기로 마음먹었다. 당시만 해도 초콜릿은 고급문화라는 인식이 있었다. 발렌타인데이라고 선뜻 초콜릿을 구입할 만큼 문화 저변이 형성되어 있지 않았다. 미진은 발렌타인데이의 의미에 집중하면서 상상력을 발휘했다. 어떤 메시지로 다가가야 손님들이 반응할까? 어떤 의미가 덧붙여졌을 때 선물로 선뜻 초콜릿을 선택할까?

미진은 초콜릿에 메시지를 담기로 했다. 사랑하는 사람에게 마음을 전달하는 카드 써 주기 이벤트를 열었다. 성심당 입구에 '2월 14일 발렌타인데이는 사랑을 고백하는 날입니다'라고 큼지막하게 써 붙이고, 그 아래 마련한 자리에 앉아 카드 메시지를 적어 내려갔다. 연애한 지 얼마나 됐는지, 올해가 몇 번째 발렌타인데이인지 물어가면서 손님마다 다른 사연, 다른 카드를 정성껏 만들어 주었다. 쿠키에 초콜릿으로 이름을 써주는 이벤트도 곁들였다. 발렌타인데이를 기념해 사랑하는 사람에게 세상 하나뿐인 쿠키를 선물한다는 기획이었다.

부활절에는 성심당을 찾아오는 손님에게 달걀 5천 개를

삶아 나누어 주었다. 매일 굽는 빵 말고 별도로 달걀 5천 개를 삶는 일이 여간 번거로운 게 아니었지만 미진은 그 일이 즐거웠다. 부활의 기쁨을 나누며 성심당의 가톨릭 정신을 손님들과 공유한다는 뜻도 있었고, 손님들의 어린시절 부활절 기억을 되살리고 싶다는 뜻도 있었다.

　어린이날에는 어린이들을 위한 깜짝쇼를 펼치려고 서울의 방송국 분장실까지 찾아가 어린이 방송 프로그램에 등장하는 캐릭터 인형탈을 빌려 오기도 했다. 대전 어린이들은 텔레비전에서나 보던 인기 캐릭터를 성심당에서 직접 만날 수 있었다. 물론 그날 은행동 일대는 어린이들로 장사진을 이뤘다.

　성심당은 학력고사에 특히 강했다. 우리나라는 오래 전부터 시험 치는 날에 찹쌀떡을 선물하는 전통이 있다. 찹쌀떡은 어디에서나 구할 수 있었다. 심지어 엿장수도 찹쌀떡을 팔던 시대였다. 그러나 중요한 날을 앞두고 찹쌀떡 때문에 탈이 나는 경우가 적지 않았다. 팥소가 상해서 식중독에 걸리거나 급하게 먹다 체하는 바람에 시험을 망치는 수험생도 있었다.

　그즈음 우리나라에 슈퍼마켓이 막 보급되기 시작했다. 백화점에도 슈퍼마켓이 입점했다. 미진은 슈퍼마켓에서 생선을 랩에 싸서 포장하는 모습을 눈여겨봤다. 랩은 시각으

로나 위생으로나 매우 신선한 느낌을 주었다. 미진은 찹쌀
떡 포장에 스티로폼 접시와 랩을 이용하기로 결정했다. 찹쌀
떡을 만드는 공간도 매장 앞으로 끄집어내 사람들이 직접 볼
수 있도록 했다.

　그 자체로 구경거리였다. 제빵사들은 하얗게 쌀가루를
뒤집어쓴 채로 찹쌀떡 빚기에 몰두했다. 완성된 찹쌀떡은 주
문량에 맞춰 손님이 보는 앞에서 바로 랩으로 포장했다. 손
님 손에 넘어가기 직전에 '합격'을 기원하는 스티커가 붙으
면 완성이었다.

　이 모든 과정이 손님 눈앞에서 펼쳐졌다. 손에 쥔 찹쌀
떡의 신선도를 의심하는 사람은 하나도 없었다. 포장 위에
붙인 스티커가 부적 역할을 해줄 것만 같았다. 학력고사라는
중요한 시험을 앞둔 가족 혹은 친구에게 이보다 더 좋은 떡
선물은 없었다. '성심당 떡이어야 믿을 수 있다, 탈나지 않는
떡'이란 소문이 돌기 시작했다.

　제과점에 마케팅이라는 개념 자체가 없던 시절, 미진의
손을 거친 이벤트는 그야말로 백발백중이었다. 아이디어 회
의를 거쳐 현장에서 실행하면 매출도 눈에 보일 정도로 쑥쑥
성장했다. 무슨 날이든 성심당에 가면 특별한 이벤트가 있을
것이란 기대가 자연스레 생겨났다. 심지어 백화점에서도 성
심당의 이벤트를 배우러 방문했고, 성심당이 한 번 하면 이

듬해에는 그 이벤트가 전국 빵집으로 퍼져 나갔다. 물론 성심당은 매년 이벤트를 업그레이드했다.

"서비스 업종은 손님과 늘 마주하고 소통해야 하잖아요. 그 과정에서 손님의 마음이 되려고 노력했어요. 어떻게 하면 손님이 기뻐할까, 늘 애틋한 마음이 있었죠. 로고와 포장 디자인도 손님이 봤을 때 감동했으면 좋겠다는 마음으로 만들었어요."

미진에게 손님은 그저 돈 주고 상품을 사는 고객이 아니라, 저마다 다른 사연을 가진 사람이자 성심당의 이웃이었다. 그들에게 특별한 날 유일한 선물을 제공하겠다는 열망이 미진만의 특별한 이벤트로 탄생한 것이다.

"매장을 찾은 손님들의 눈동자가 커지면서 감탄사를 내뱉는 모습을 상상했어요. 그 모습을 떠올리면 준비 과정이 하나도 힘들지 않았어요."

영진의 혁신과 미진의 마케팅이 잇따라 성공하면서 점차 성심당이 비좁게 느껴질 정도로 매장이 붐비기 시작했다. 1970년대 은행동 153번지 매장은 지금의 케익부띠끄 절반인 50평 규모였다. 3층 건물이었는데, 1층이 매장이고 2층은 숙식 공간, 3층은 공장으로 사용했다. 창고로 사용할 공간도 마땅치 않았다.

1985년 어느 날 영진은 바로 옆 다방을 찾아가 그 건

물을 팔 의향이 없는지 물어봤다. 그때 영진은 건물 시세에
10%밖에 안되는 돈을 가지고 있었다. 그쪽 입장에서는 난데
없는 제안이었다. 말도 안 되는 소리라며 그 자리에서 거절
당했다. 그러나 그 당돌한 제안이 다방 주인의 기억에 남았
다. 그로부터 얼마 있지 않아 다방 주인이 더 큰 부동산을 매
입할 기회가 생겨서 건물을 매각하려 했다. 그 첫 번째 협상
자는 바로 영진이었다. 거래는 순조로웠다. 1986년 성심당
은 다방 건물을 인수해 두 배로 규모를 확장했다.

6월 항쟁과 성심당

1980년대 대흥동을 이야기할 때 빠트려선 안 될 장면이 하
나 있다. 바로 대전에서 일어난 민주화 운동의 성지가 이곳
이다. 5월 18일 광주에서 벌어진 학살 소식이 대전에도 들려
왔다. 그때부터 대흥동은 최루탄 냄새가 가실 날이 없었다.

시위대가 대흥동에 주로 모인 이유는 대흥동성당이 거
기에 있기 때문이었다. 그때 대흥동성당은 서울의 명동성당
과 비슷한 역할을 해 왔다. 민주화 운동을 하다가 쫓겨 다니
는 사람들을 보호했고 다른 교구들과 협력해 은신처를 제공

하는 데에도 적극이었다.

1987년 박종철 고문치사 사건에 저항한 시위도 대흥동 성당에서 있었다. 대흥동성당의 청년신도와 대학생 등 300여 명은 2월 11일 '고 박종철 추모 미사 및 인권회복 기도회'를 가진 뒤 대흥동 일대에서 한 시간 가량 횃불시위를 벌이기도 했다.

성직자들도 이 행렬에 동참했다. 대전교구 신부 35명은 5월 4일부터 닷새간 단식기도회를 가졌고, 8일 저녁 대흥동 성당에서 공동집전 미사를 가진 뒤 단식을 풀었다. 1989년 5월에 조선대 학생 이철규의 의문사 사건이 알려지자 충남대 생 50여 명은 6월 기말고사를 거부한 채 대흥동성당에서 진상 규명을 요구하는 단식 농성을 벌였다. 1990년에 우루과이라운드 협상을 저지하기 위한 시위도 대흥동성당을 중심으로 일어났다. 이처럼 대흥동성당은 시대의 아픔에 늘 함께했고, 사회 부조리에도 목소리를 아끼지 않았다.

대흥동성당의 종소리를 들으면서 일하기 위해 은행동 153번지로 이사 온 성심당은 성당에서 길 건너 불과 90미터 거리에 자리 잡고 있다. 1980년대 대흥동을 휘감았던 최루탄을 성심당도 고스란히 감수하면서 일해야 했다. 큰 집회가 열려 시위대가 경찰과 대치하는 날이면 그날 영업은 일찌감치 끝내야 했다.

1987년은 특히 더했다. 시위는 하루가 멀다하고 열려 대흥동을 마비시켰다. 행인은 금세 종적을 감췄고 도로를 마주하고 대치한 시위대와 전경들은 신경이 잔뜩 곤두서 있었다. 이런 날이면 성심당 장사도 끝이었다. 새벽부터 만들어 놓은 수많은 빵이 손님을 만나지 못하고 먼지만 뒤집어 썼다. 영진은 결심했다. 기왕 이렇게 된 것 뙤약볕 아래에서 고생하는 청년들 배라도 채워 주자, 허기를 면하면 시위 현장의 분위기도 좀 부드러워지지 않겠는가. 그런 마음으로 성심당은 여러 차례 시위대와 전경들에게 빵을 나눠 주었다.

시위대에게 빵을 나눠줄 때는 각별히 조심했다. 경찰들 눈에 띄지 않으려고 직원들은 유니폼을 벗고 사복을 입었다. 시위대에 잠입한 직원들은 빵과 물, 그리고 비닐랩을 나눠 주었다. 그때 막 보급되기 시작한 비닐랩은 최루가스가 난무하는 시위 현장에서 시위대의 눈을 보호하는 매우 요긴한 장비로 각광받았다. 두툼한 유니폼에 무거운 진압 장비를 착용한 전경들에게도 빵과 물을 나누어 주었다. 시위대와 전경은 뙤약볕 아래에서 서로 대치하고 있었지만 영진의 눈에는 동년배 청년들일 뿐이었다.

그러나 시위대에 빵을 나눠준 사람이 있다는 사실이 알려지면서 경찰이 뒷조사를 시작했다. 길 건너 뉴욕제과에 형사들이 들이닥쳤다는 소식이 들려왔다. 성심당도 잔뜩 긴장했다. 직원들 입단속부터 시키고 무조건 모르는 일이라고 버티기로 했다. 이튿날 들이닥친 형사는 아무것도 건지지 못하고 돌아갔다. 그러나 이미 경찰은 시위대에 빵을 나눠준 곳이 성심당이라는 심증을 굳히고 있었다.

1주일 정도 버텼을까? 어느 날 오후 성심당으로 전화 한 통이 걸려 왔다. 시위대에 참가한 대학생의 아버지라고 밝힌 한 남자가 며칠 전 시위 현장에 자신의 아이에게 빵과 물을 나누어 줘서 고맙다는 인사를 전했다. 그 전화는 함정이었다. 전화를 받은 직원이 무심코 인사에 화답했고, 경찰은 통화 내용을 증거 삼아 다시 성심당에 들이닥쳤다.

영진은 집채만 한 덩치의 형사 두 명에게 붙들려 연행됐다. 충남도경에서 취조가 시작됐다. 경찰은 이번 기회에 성심당을 아예 문 닫게 할 생각인 것 같았다. 그러나 시위대에 빵을 나누어 준 것만으로 처벌할 수는 없었다. 괘씸죄는 되겠지만 실정법을 위반한 것은 아니었다. 그래서 경찰은 성심당의 다른 흠집을 찾아 주변을 들쑤시기 시작했다.

먼저 동사무소를 추궁했다. 혹시나 위법 행위를 저지른 적은 없는지, 행정지도에 적발된 사례는 없는지 샅샅이 뒤졌다. 그런데 이때 은행동의 강종호 동장이 용감하게 나서서 성심당을 변호했다.

"성심당은 정치색을 띠는 곳이 아닙니다. 그곳은 그날

남은 빵은 모조리 가난한 이웃에게 기부하는 전통을 가지고 있습니다. 그날도 어차피 장사가 안되니 기부하는 마음으로 시위대에 빵을 나누어 준 것입니다. 전경들에게도 빵을 나눠 주지 않았습니까. 동사무소에서도 행사가 있을 때면 성심당을 이용합니다. 그곳은 하루 지난 빵은 절대 팔지 않는 양심적인 곳입니다."

강 동장의 열정적인 변호 덕분에 소기의 목적을 달성하지 못한 경찰은 대전시청 위생과를 압박하기 시작했다. 위생과 단속반은 성심당에서 잼을 수거해 국립보건연구원에 검사를 의뢰했다. 하지만 검사 결과가 무해하게 나오자 '잼 제조에 대한 허가사항 위반'이라는 다른 죄목을 붙여 검찰에 송치하는 무리수를 두었다.

당시 경찰이 성심당을 엮으려고 했던 법은 일명 보건단속법이라고 불린 보건범죄단속특별조치법이었다. 이 법의 제2조 1항을 보면 '식품 또는 첨가물이 인체에 현저히 유해한 때에는 무기 또는 5년 이상의 징역에 처한다'라고 되어 있다. 검찰이 기소하면 성심당은 이제 끝난 거나 다름없었다. 겨우 시위대에 빵 좀 나누어 준 것 때문에 5년 이상 처벌을 받을지도 모르는 긴급한 상황이었다.

그런데 절망의 벼랑 끝에 섰을 때 여당의 대통령 후보였던 노태우가 6·29 선언을 했다. 대통령 직선제와 언론 자유

보장 등이 발표되면서 세상은 또 한 번 뒤집어졌다. 시위 대신에 화해와 축제 분위기가 대전 시내를 감쌌다. 성심당의 패씸죄도 이때 극적으로 해결되었다.

"6·29 선언이 있고 나서 검찰에 다시 불려갔어요. 그런데 분위기가 이전과는 완전히 반대였어요. 내가 보는 앞에서 담당 검사가 형사들을 불러서 혼을 냈어요. 어떻게 이런 말도 안 되는 사건을 조작할 수 있냐는 거였죠."

영진은 무혐의로 풀려났다. 그런데 얼마 있지 않아 경찰에서 다시 연락이 왔다. 이번에는 표창장을 주고 싶다는 것이었다. 시위 현장에서 고생하는 전경들에게 빵과 물을 나누어 줘서 고맙다는 이유에서였다.

성심당의
효자상품

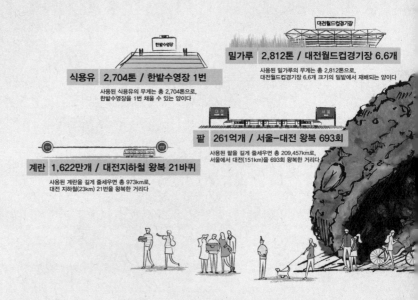

식용유 2,704톤 / 한밭수영장 1번
사용된 식용유의 무게는 총 2,704톤으로,
한밭수영장을 1번 채울 수 있는 양이다

밀가루 2,812톤 / 대전월드컵경기장 6.6개
사용된 밀가루의 무게는 총 2,812톤으로,
대전월드컵경기장 6.6개 크기의 밀밭에서 재배되는 양이다

팥 261억개 / 서울—대전 왕복 693회
사용된 팥을 길게 줄세우면 총 209,457km로,
서울에서 대전(151km)을 693회 왕복한 거리다

계란 1,622만개 / 대전지하철 왕복 21바퀴
사용된 계란을 길게 줄세우면 총 973km로,
대전 지하철(23km) 21번을 왕복한 거리다

1980년 5월 20일 탄생 때부터 2024년까지 1억 800만 개 이상 팔려 나간 성심당의 메가히트 상품 튀김소보로는 대를 이어 가업에 뛰어든 임영진 대표와 오용식 공장장의 아이디어에서 시작되었다.

항간에는 소보로 빵을 우연히 기름 속에 빠뜨려 튀김소보로가 탄생했다는 비화도 있지만, 사실 튀김소보로는 여러 차례 실험을 거쳐 소보로와 단팥빵, 도넛의 맛을 모두 살리면서도 서로 조화를 이루도록 까다로운 제조 방식으로 개발했다. 현재의 레시피는 2011년에 제조방식 자체를 특허 받았으며, 소보로에 버터를 넣지 않고 만들어서 튀긴 후에도 기름지지 않고 바삭바삭한 식감을 살려 냈다. 속재료 또한 일반 팥앙금이 아니라 혼합반죽을 따로 튀겨낸 것을 다시 앙금으로 사용하여 씹었을 때 새로운 식감을 제공한다. 특허출허 받은 튀김소보로는 전국에서 단 네 곳, 성심당 본점과 롯데대전점, 대전역점 그리고 성심당 DCC점에서만 판매하고 있다. 성심당은 매장에서, 차가운 우유를 곁들여 7시간 안에 먹는 것이 튀김소보로를 먹는 가장 맛있는 방법이라고 소개하고 있다.

튀소기네스

1980-2024 · 튀김소보로 탄생 44주년, 우리가 먹은 튀소는?

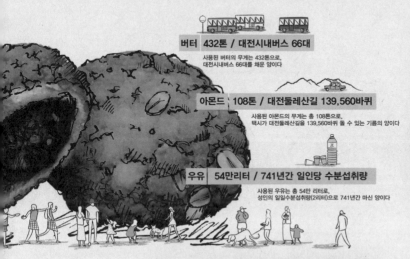

버터 432톤 / 대전시내버스 66대

사용된 버터의 무게는 432톤으로,
대전시내버스 66대를 채운 양이다

아몬드 108톤 / 대전둘레산길 139,560바퀴

사용된 아몬드의 무게는 총 108톤으로,
택시가 대전둘레산길을 139,560바퀴 돌 수 있는 기름의 양이다

우유 54만리터 / 741년간 일인당 수분섭취량

사용된 우유는 총 54만 리터로,
성인의 일일수분섭취량(2리터)으로 741년간 마신 양이다

튀소 | **44년간 판매량 : 108,190,844개**
대전 시민 144만명, 일인당 75개

44년간 판매된 튀김소보로는 약 10819만개로,
대전시민 144만명이 1인당 약 75개의 튀소를 먹은 양이다.

2014년 성심당은 많은 사랑을
받은 튀김소보로를 주제로
'튀소쏭'을 만들어 튀김소보로
제품 포장지에 공개했다.

성심당에는 튀김소보로만 있는 것이 아니다. 튀김소보로와 함께 복고의 귀환을 알린 판타롱 부추빵, 초콜릿 코팅으로 여고생에게 인기 만점인 카카오순정, 단골들이 튀김소보로보다 더 즐겨 찾는다는 월넛 브레드 등 400여 종의 신선한 제품이 날마다 전국 각지에서 몰려드는 손님들을 기다리고 있다. 특히 '대전부르스 떡'은 2006년 성심당이 창업 50주년을 맞아 함께 동고동락한 대전 시민에게 감사의 마음을 전하기 위해 개발한 제품으로 대전의 이미지와 정서를 담아냈다. 뿐만 아니라 대전의 보물이라 불리는 보문산에 영감을 받아 만든 '보문산 메아리', 부산 롯데백화점 팝업스토어를 기념하여 부산 시민을 위해 갈매기 모양으로 만든 '부산 갈매기 빵', 서울 소공동 롯데백화점 팝업스토어를 기념하며 만든 '서울 탱고' 등 지역의 이야기를 연계한 특색 있는 제품들을 꾸준히 개발하고 있다.

불타는 성심당

1990년대 초반까지 성심당의 질주는 계속됐다. 그러나 이후 슬럼프에 빠진 성심당은 거듭되는 악재를 가까스로 극복하며 버텼지만 한 번 꺾인 성장세는 좀처럼 회복되지 않았다. 그리고 2005년 1월 22일, 성심당은 하루아침에 잿더미로 변해 버렸다. 창업 50주년을 한 해 앞두고 일어난 큰 불은 성심당의 모든 것을 바꾸어 놓은 엄청난 사건이었다. 많은 것이 불에 타 사라졌지만 성심당의 부활은 다시 시작되고 있었다.

세상 일이 늘 좋을 수는 없다. 나는 변하지 않겠다 다짐해도 주변을 둘러싼 환경과 조건은 의지와 관계없이 바뀌는 게 또 세상 일이다. 변화는 늘 적응과 극복이라는 과제를 안긴다. 그 과제에 소홀했을 때 세상은 냉정하기 짝이 없지만, 반대로 성실하게 그 과제를 치러내면 또 다른 차원으로 우리를 인도한다.

우리가 알고 있는 세상의 모든 이야기도 그렇다. 흥미로운 이야기치고 클라이맥스 앞에 갈등과 장애물을 두지 않은 것이 있던가. 주인공들은 하나같이 장애물을 헤쳐 나간 뒤에야 비로소 주인공다운 주인공이 된다. 변화에 적응하고 위기를 극복했을 때 이야기는 완성을 향해 나아간다. 사람들이 이야기의 갈등 구조에 몰입하는 이유는 현실 자체가 갈등의 연속이며 한 사람, 한 조직, 한 공동체가 성장해 나가는 과정 또한 갈등을 피할 수 없는 여정이기 때문이다. 그 여정을 어떻게 통과하느냐에 따라 이후의 삶도 달라진다.

1990년대는 성심당에게 변화와 위기의 시간이었다. 성심당이 속한 대전시의 도시 구조가 급변했고, 또 성심당 내부 일로도 극심한 홍역을 앓았다. 1980년대 초반 시청 철거반이 무허가 증축을 이유로 들이닥쳤을 때, 1987년 시위대에 빵과 물을 나누어 주었다는 이유로 경찰 조사를 받았을 때도 성심당의 존폐가 걸렸던 위기였지만, 1990년대에 찾아온 위기는 이전 같은 단발성이 아니었다. 긴 시간에 걸쳐 서서히, 그러면서도 철저하게 빨려 들어가는 깊은 늪과도 같았다.

성심당 본점 시대

먼저 성심당의 1980년대를 간단하게 정리해 보자. 1980년 5월에 튀김소보로를 개발하면서 성심당은 성장가도를 달렸다. 특히 1983년 국내 최초의 포장빙수와 1985년의 생크림 케이크는 제과 역사의 새로운 페이지를 화려하게 장식했다. 1982년에 영진과 결혼한 미진이 마케팅을 맡으면서 성심당은 매번 새바람을 일으켰다. 가파르게 성장하며 1985년에는 뒷 건물을 사들여 매장을 배로 늘리는 경사도 있었다.

자타공인 문화 1번지였던 대흥동과 은행동 일대도 서울 명동 부럽잖은 활기로 넘쳐났다. 성심당이 있는 으능정이거리는 패션 1번지로 불리며 대전은 물론 충남도민에게 각광받는 거리로 거듭났다. 성심당의 새로운 시도와 대흥동, 은행동의 부흥이 맞물리면서 놀라운 상승효과를 냈다.

그 탄력으로 성심당은 1990년대를 힘차게 시작했다. 1992년 영진은 골목 하나를 사이에 둔 145번지로 이사해 새 둥지를 틀었다. 지금의 성심당 본점이다. 규모가 커진 만큼 사업도 야심차게 벌일 참이었다.

성심당은 1980년대 초부터 일본 제과업계와 깊이 교류하고 있었다. 성심당이 남들보다 빨리 성장할 수 있었던 배경에는 일본의 기술과 트렌드를 빨리 받아들여 우리 식으로 재창조하는 능력이 있었기 때문이다. 하지만 새로 이전한 건물을 어떻게 활용할지 일본 전문가들과 논의해 보아도 이번에는 뾰족한 수를 얻지 못했다. 일본 제과점의 특징은 개성을 가진 소규모 매장이기 때문에 성심당처럼 큰 규모를 컨설팅하기에는 한계가 있었다.

1층과 2층을 매장으로 사용한다는 계획은 있었지만 두 층 모두를 빵으로 채우는 것은 무리였다. 2층의 용도를 고민하며 토론이 이어졌다. 여러 차례 회의를 거쳐 2층은 빵집 대신 카페테리아를 도입하는 쪽으로 의견을 모았다. 1층은 빵집, 2층은 카페테리아 형식의 우리나라 최초의 '베이커리 레스토랑'이 들어섰다.

그때나 지금이나 우리나라에서 빵은 주식이 아닌 간식이었다. 간식용인 빵과 한 끼 식사를 해결하는 레스토랑이 한 건물에 있는 게 과연 어떤 결과를 낳을까? 카페테리아의 주력 메뉴는 돈까스였다. 돈까스도 일본에서 들어온 음식이다. 우리보다 먼저 서양문물을 받아들인 일본이 서양의 커틀릿을 자기식으로 재해석한 것이다. 하지만 일본에서도 빵과 돈까스를 한 공간에서 서비스하는 사례는 없었다.

물론 돈까스 문화는 오래 전부터 '경양식'이라는 형태로 우리 사회에 자리 잡고 있었다. 그러나 경양식집은 대중이 쉽게 접근할 수 있는 공간이 아니었다. 집안에 특별한 경조사가 있을 때나 맞선 같은 중요한 만남이 이뤄지는 특별한 곳, 이른바 '칼질'하는 고급스런 공간이었다. 반면 빵집은 누구나 부담 없이 드나드는 공간이었다. 이 둘을 한 공간에 묶은 성심당의 베이커리 레스토랑은 일종의 모험이었다.

성심당 본점 2층의 베이커리 레스토랑은 '테라스키친'이라고 이름을 붙였다. 당시 돈으로 돈까스 1인분에 1,800원을 받았다. 짜장면 한 그릇에 1,300원 하던 시절이었다. 테라스키친은 아이들에게 폭발적인 인기를 끌었다. 어린이

날은 물론이고 졸업식 같은 중요한 날이면 아이들은 성심당
에 가서 칼질을 하고 싶어했다. 덕분에 성심당을 찾는 연령
대도 크게 낮아져서 손님층을 두텁게 확보하는 계기가 됐다.
어른들에게 빵집이 미팅과 만남이 이뤄진 추억의 장소였다
면, 그 시절 어린이들은 성심당을 특별한 날 엄마 손을 잡고
돈까스를 먹던 행복한 공간으로 기억했다. 부담스럽지 않은
가격으로 아버지가 가장으로서 어깨를 펼 수 있는 식당이기
도 했다.

성심당의 베이커리 레스토랑이 성공했다는 소식이 널리
알려지면서 2층을 사용할 수 있는 전국의 다른 제과점들도
앞다퉈 성심당식 베이커리 레스토랑을 도입하기 시작했다.

프랜차이즈 베이커리의 등장

1990년대 초반까지 성심당의 질주는 계속됐다. 그러나
1990년대 중반에 들어서면서 성심당을 둘러싼 여러 가지 사
회 조건이 바뀌기 시작했다. 먼저 제과업계의 지각 변동이
시작되었다.

1980년대가 전문 제과점이 폭발적으로 증가하던 시대

였다면 1990년대는 질적 성장이 이뤄진 시기라고 할 수 있다. 우선 빵 메뉴부터 크게 달라졌다. 단팥빵, 크림빵, 소보로빵, 도넛이 대부분을 차지하던 1980년대와는 달리 1990년대에는 페이스트리, 바게트, 크로와상, 치아바타 같은 정통 유럽 빵들이 매대를 차지하기 시작했다.

1988년 해외여행 자유화 이후에 국민들의 정서도 국제화되고 해외사정에 밝은 사람들도 많이 늘어났다. 아울러 경제적으로 넉넉해지면서 웰빙에 대한 관심도 크게 높아졌다. 제과업계에서는 이 흐름이 다양한 건강빵으로 나타났다. 호밀빵을 필두로 통밀빵, 견과류빵 등이 속속 개발됐다.

대규모 공장에서 양산하던 빵들은 빠르게 위축됐다. '콘티빵'으로 유명했던 신동아그룹 계열의 한국콘티넨탈식품은 1988년에 문을 닫았고, 다른 양산업체 빵들도 그 규모가 크게 줄었다. 대신 전문 제과점으로 꾸준히 성장한 고려당, 신라명과, 뉴욕제과 같은 브랜드가 1980년대 중반부터 본격적으로 프랜차이즈 사업을 펼치기 시작했다. 우리나라 음식 역사에서 프랜차이즈 사업은 그때부터가 시작이었다.(출처: 주영하, <식탁 위의 한국사>, 휴머니스트)

삼립식품의 후신인 주식회사 샤니가 1986년 직영점 파리크라상에 이어 1988년 프랜차이즈 베이커리 파리바게트를 내놓으며 돌풍을 일으키기 시작했다. 같은 해 크라운제과도 크라운베이커리라는 브랜드를 내놓으며 경쟁에 돌입했다. 현재 프랜차이즈 베이커리를 양분하고 있는 CJ그룹의 뿌레쥬르는 조금 늦은 1997년에 이 시장에 뛰어들었다.

　이들 후발 프랜차이즈 베이커리들은 기존 프랜차이즈와는 다른 시스템을 갖추고 있었다. 고려당 등의 1세대 프랜차이즈가 일본식 제과점의 특징을 한국식으로 변형한 모습이라면 파리바게트 등의 2세대 프랜차이즈들은 프랑스식 베이커리 이미지와 시스템을 적용했다.

　프랜차이즈 베이커리가 승승장구할 수밖에 없는 사회적 인프라도 갖춰졌다. 1988년 9월에 발표된 '주택 200만 호 건설 계획'을 시작으로 전국 각지에 대규모 아파트 단지가 세워졌다. 그리고 수천 세대를 아우르는 아파트 단지 상가에는 어김없이 프랜차이즈 베이커리가 들어섰다. 덩치가 커진 프랜차이즈 기업들도 공격적으로 비즈니스를 펼쳤다. 그 정도가 심해서 경쟁 브랜드 빵집이 한 건물에 문을 마주하고 들어서는 경우가 허다했다. 심지어 같은 브랜드의 프랜차이즈 베이커리가 길 건너 상가에 들어서는 웃지 못할 상황도 연출됐다.

　제과업계만 놓고 보면 그야말로 지각 변동이었다. 도시 인구가 새로 조성된 아파트 단지로 몰리면서 원도심은 공동화 현상이 생기기 시작했다. 원도심에 자리 잡았던 수많은 빵집도 함께 쇠락의 운명을 겪어야 했다. 하루걸러 하나씩 빵집이 생겼다 사라지기를 반복했다. 제과 트렌드는 롤러코스터처럼 변신하며 소비자들의 눈과 입을 유혹했다. 그 변화의 속도를 따라가지 못하는 빵집들은 도태의 길을 걸어야 했다. 물론 대형 프랜차이즈 베이커리가 동네 빵집에 나쁜 결과만 가져온 것은 아니었다. 깔끔한 디자인과 청결한 위생시설을 갖춘 프랜차이즈 베이커리들이 소비자의 눈높이를 올리면서 생존에 성공한 동네 빵집들의 수준도 한 단계 업그레이드 시키는 효과를 가져왔다.

최신 트렌드라는 덫

성심당이라고 해서 이러한 변화 앞에 초연할 수만은 없었다. 시대의 흐름은 거스르기가 쉽지 않다. 1990년대 접어들면서 프랑스와 이탈리아 등 유럽 빵들이 물밀듯 들어왔다. 빵에 대한 소비자들의 생각도 빠르게 바뀌었다. 빵은 더 이상 단순한 간식용 주전부리가 아니었다. 1990년대의 제과점은 유럽의 빵 문화를 직접 소개하며 일종의 문화대사 역할을 했다. 프랜차이즈 베이커리의 브랜드에 프랑스어를 다수 사용하고 있는 것도 이런 이미지 때문이었다. 여기에다 웰빙에 관심이 커지면서 밀가루 음식에 대한 우려와 함께 건강빵 수요가 늘어났다. 빵 크기는 작아졌고, 종류는 다양해졌으며, 이름은 외래어가 넘쳐났다.

성심당은 이러한 변화에 적극 대응하려고 애썼다. 유럽의 참신한 빵 트렌드를 소개하고 건강빵을 만드는 등 신제품 개발에도 열심이었다. 그러나 성심당의 분위기는 더 이상 1980년대처럼 뜨겁고 활기차지 못했다. 결정적으로 튀김소보로와 포장빙수 같은 메가 히트 상품이 더 이상 나오지 않았다. 설상가상으로 웰빙 트렌드에 밀려 성심당의 마스코트나 다름없던 튀김소보로가 뒷전으로 밀려나기 시작했다. 기름에 튀겨낸 튀김소보로는 졸지에 정크푸드라는 낙인이 찍혔고, 제빵사들 스스로도 자신 있게 내놓지 못하고 위축됐다.

가파르게 성장하던 성심당의 매출도 눈에 띄게 둔화됐다. 마이다스의 손 같던 미진의 마케팅 이벤트도 예전 같은 효력을 발휘하지 못했다. 아무리 열심히 기획하고 준비해도 5% 안팎의 성과밖에는 나지 않았다. 매장은 여전히 손님들로 북적이고, 매출 규모도 전국 최고 수준을 자랑했지만 한번 꺾인 성장세는 다시 살아날 기미가 보이지 않았다.

그도 그럴 것이 1990년대 중반 대전의 원도심은 빠르게 쇠퇴하고 있었다. 당시 원도심의 변화 속도와 강도는 성심당의 노력만으로 감당할 수 있는 수준이 아니었다. 공공기관, 기업, 사람들이 빠져나가는 분위기를 감안하면 성심당이 위축되지 않고 그나마 현상을 유지한 것만으로도 엄청난 선방이었다. 대흥동과 은행동 일대는 그야말로 '격변'하고 있었다.

추락하는 대전 원도심

1905년 대전역이 생기면서 도시로 성장한 대전은 1932년 5월 30일 충남도청이 공주에서 대전으로 이전하면서 발전하기 시작했다. 도청과 함께 법원과 검찰, 경찰청 같은 관련 행정기관들도 따라오면서 대전은 교통뿐만 아니라 우리나라 중부권 행정의 중심 도시로 발돋움했다.

　　행정이 집중되자 자연스럽게 기업이 따라오고 인구도 늘어나고 시가지도 형성됐다. 그중에서도 대흥동과 은행동은 대전을 상징하는 핵심적이고도 유일한 도심이었다. 대전은 이 도심을 중심으로 우리나라에서 가장 짧은 시간에 가장 빨리 성장한 도시로 꼽힌다.

그런데 1990년대에 접어들면서 대전의 도시 구조를 송두리째 흔들어 놓은 정책이 추진됐다. 대전 서쪽 둔산 지구가 본격 개발되기 시작한 것이다. 대전광역시청을 비롯해 대전의 핵심 관청들도 둔산으로 이전한다는 발표가 뒤따르면서 둔산신도시는 하루가 다르게 변신했다. 1993년에는 대전시교육청이 이전했고 한신코아백화점이 문을 열었다. 1997년에는 정부대전청사가 완공됐고 1998년에는 대전검찰청과 법원, 그리고 시립미술관과 KBS대전총국이 이전을 완료했다. 1999년에 드디어 대전광역시청이 둔산에 둥지를 틀었고, 2003년에는 대전예술의전당과 특허법원이, 2009년에는 대전지방경찰청과 충청지방통계청이 이전했다.

둔산신도시는 1990년대를 거치며 명실상부한 대전의 중심지로 발돋움했다. 대전의 핵심 관청뿐만 아니라 중앙정부의 청단위 조직들도 대거 이전하면서 기업과 상권, 그리고 사람을 끌어당기는 엄청난 구심력을 발휘했다. 대규모 아파트 단지가 조성되면서 백화점과 대형 유통 매장이 들어섰고 각종 문화 엔터테인먼트 시설도 몰려들었다. 도로망은 체계적이었고, 보행 공간도 넉넉했다. 게다가 일곱 곳에 달하는 공원이 조성되어 쾌적한 주거 환경이 완성됐다. 둔산신도시는 불과 10년 만에 완전히 새로운 대전으로 거듭나는 데 성공했다.

문제는 둔산신도시로 자리를 옮긴 기업과 가게, 그리고 사람들 상당수가 원래 대전의 도심이었던 대흥동과 은행동에 있었다는 사실이다. 둔산이 화려하게 변신하는 만큼 원도심은 하루가 다르게 활력을 잃었다. 시청과 핵심 관공서가 떠나가자 함께 호흡을 맞추던 기업과 가게들도 그 뒤를 따랐다. 새로 지은 대규모 아파트 단지와 세련된 문화 인프라는 원도심 토박이들을 둔산으로 불러들였다. 원도심은 거주민뿐만 아니라 방문객도 하루가 다르게 줄어들었다. 대전의 패션과 소비문화의 상징과도 같았던 중앙데파트가 2008년 10월 8일에 폭파 철거된 것은 대전 원도심의 막다른 현실을 보여 주는 결정적 장면이었다. 게다가 빠르게 증가하는 자동차 보급률은 열악한 도로 사정과 주차 환경이라는 원도심의 약점을 더욱 부각시켰다. 시민들은 점점 멀어져 갔고, 이같은 대전 원도심의 크나큰 위기는 곧 그 한복판에 자리한 성심당의 위기였다.

동생의 프랜차이즈 사업

1990년대 성심당을 어려움에 빠트렸던 요인이 바깥에만 있었던 것은 아니다. 더 심각한 영향을 미치는 균열이 내부에서 서서히 진행되고 있었다. 1981년 성심당 2대 경영을 시작한 영진은 위로 누나 네 명, 아래로 여동생 한 명과 남동생 기석을 두고 있었다. 기석은 대학을 졸업한 뒤 바로 성심당에 들어와 형과 함께 일했다. 기석에게 형 영진은 아버지 이상으로 믿고 따르는 존재였다. 기석은 성심당 동료들에게도 형을 그 누구보다 존경한다고 말하곤 했다.

하지만 기석은 결혼하고 2년이 지난 1995년의 어느 날, 독립하여 독자적인 사업을 꾸리겠다고 선언했다. 당시 막 인기를 끌던 프랜차이즈 사업에 뛰어들겠다는 것이었다. 영진은 극구 말렸다. 빵집을 프랜차이즈로 한다는 것 자체가 쉽지 않고, 기석도 아직 준비가 되어 있지 않다는 것이 영진의 생각이었다. 아니, 틀림없이 실패할 것이라는 생각이 들어 좀 더 기다려 보라고 설득했지만 기석은 이미 결심을 굳힌 상태였다. 프랜차이즈 사업으로 큰돈을 벌었다는 이야기가 많이 돌던 시대였고, 또 기석 주변으로 이미 여러 사람이 모이고 있었다. 기석 입장에서는 돌이키기 어려운 결심이었

다. 연로하신 부모님도 영진이 동생을 도와줘야 한다고 생각
했다.

　사실 당시 분위기만 보면 기석의 프랜차이즈 사업 구상
이 그렇게 무리한 것은 아니었다. 1980년대 중반부터 가속
화된 프랜차이즈 사업은 1990년대 들어 그 몸집을 엄청나게
불리고 있었고, 여기저기서 잭팟을 터트렸다는 성공담이 떠
돌았다. 이웃나라 일본에서도 프랜차이즈 사업이 확산되고
있었다. 그러나 영진은 아직 우리나라에서 프랜차이즈 사업
은 시기상조라고 생각했다.

　프랜차이즈 사업의 성패는 본점과 가맹점의 동반성장
여부에 달려 있다. 그러나 이제 막 프랜차이즈가 덩치를 불
리던 우리나라에서는 시스템과 자본력을 갖춘 대기업이라
면 몰라도 전문성이 부족한 개개인이 아이템 하나만 믿고 큰
사업을 벌이는 것은 지나친 모험이었다. 게다가 사업은 사업
가의 역량과 자질에 크게 좌우된다. 위기에도 흔들리지 않을
신념과 비전, 어떤 역경에도 굴하지 않는 끈기와 열정이 사
업가에게는 필요하다. 영진이 보기에 기석은 아직 사업가로
서 경험과 연륜이 부족했다. 그러나 형의 만류에도 기석은
결국 독립했다.

영진의 잠적

사업을 하려면 자본이 필요하다. 막내아들이 애틋했던 임길순은 영진을 설득해 153번지 건물을 기석의 소유로 넘겼다. 이듬해 기석은 건물을 저당 잡고 자금을 마련해 마침내 '주식회사 성심당'을 세웠다. 이로써 1996년 대전에 두 개의 성심당이 생겼다. 하나는 형 영진이 운영하는 145번지 성심당(개인사업자)이었고, 다른 하나는 동생 기석이 세운 프랜차이즈 성심당(주식회사)이었다.

이때부터 영진은 줄곧 자금 압박에 시달리기 시작했다. 지금의 본점인 145번지로 옮긴 지 3년도 채 안 된 시점이어서 건물을 매입하려고 융통했던 대출이 엄청난 규모로 남아 있었다. 그 와중에 153번지 건물을 동생에게 넘기면서 생긴 손실로 빚 부담은 갑절로 늘어났다. 그렇다고 연로한 아버지에게 성심당의 자금 사정을 시시콜콜 털어놓을 수도 없었다. 집안의 장남으로서 영진은 그 모든 부담을 떠안고 갈 수밖에 없었다.

기석이 성심당으로 프랜차이즈 사업을 시작한다는 소식이 알려지면서 직원들도 심하게 동요했다. 중견급 이상 직원들 중에는 줄서기를 하며 주판알을 튕기는 사람도 많았다.

프랜차이즈 사업체가 모양을 갖출수록 기존 직원을 스카우 트 하는 속도도 빨라졌다. 회사 분위기는 점점 더 어수선해 졌고 많은 직원들이 몸은 은행동에 있어도 마음은 이미 프랜 차이즈에 가 있었다.

상황은 절망적이었다. 자금도 바닥났고 인력도 떠나갔 다. 사업을 계속할 수 있는 동력을 모두 상실한 상태에서 영 진이 선택할 수 있는 카드는 거의 없었다. 자칫하면 형제 간에 분란이 날 수도 있었다. 막다른 골목으로 몰린 영진은 1997년 여름, 회사를 최소한으로 유지할 수 있는 상황만 만 들어 놓고 돌연 사라졌다. 갑작스런 사태는 성심당을 극심한 혼란으로 몰아갔고, 영진이 나오지 않는 회사에서 직원 80 여 명은 일제히 사표를 내고 퇴직금을 수령해 갔다. 그리고 상당수는 이전보다 더 좋은 조건을 약속 받고 프랜차이즈 성 심당으로 자리를 옮겼다. 직원들이 보기에 기석의 프랜차이 즈는 충분히 매력적이었고, 시대를 앞서 나가는 세련되고 역 동적인 사업으로 보였다. 그렇게 영진과 미진이 함께 일궈온 성심당의 문은 굳게 닫혔고, 그 상태가 한 달 보름이나 계속 되었다. 이대로라면 성심당의 은행동 시대는 끝난 것이나 다 름없었다. 영진은 성심당의 모든 것을 동생에게 넘겨주고 한 국을 떠날 생각마저 했다. 그 방법 말고는 사태를 수습할 길 이 보이지 않았다. 하지만 마음 한켠에서는 여전히 성심당을 지켜야 한다는 책임감이 영진을 압박했다.

동생에게 모든 것을 넘기고 떠나는 것은 어쩌면 무거운 책임에서 벗어날 수 있는 가장 쉬운 선택이었다. 그러나 성심당은 아버지가 세우고 가족들과 함께 키우면서 대전의 이웃들과 동고동락하며 쌓아 온 집안의 정체성 그 자체였다. 쉽사리 벗어던질 수 있는 존재가 아니었다.

영진이 이처럼 고통스런 시간을 보내고 있을 때, 야심차게 시작했던 기석의 프랜차이즈 성심당은 조금씩 삐걱대고 있었다. 프랜차이즈 사업은 결코 의지만으로 되는 게 아니었다. 엄청난 노하우와 두터운 신뢰가 있어도 성공하기 어려운 비즈니스였다. 영진의 눈에 프랜차이즈 사업은 허점이 너무 많았고 상황은 점점 악화되고 있었다. 그렇다면 방법은 하나밖에 없었다. 어렵겠지만 145번지의 성심당 본점을 '유지'하는 것이었다. 영진은 아버지 때부터 17년간 성심당에서 함께 호흡을 맞추던 박병선 과장을 찾아가 동참해 줄 것을 호소했다. 박병선은 그때의 절박했던 상황을 이렇게 증언한다.

"대전 생활을 정리하고 다른 사업을 구상하려고 친지가 있는 경남 산청에 당분간 다녀올 참이었습니다. 가족이 다 함께 가려고 짐도 꾸리고 버스표까지 받아 놨는데, 바로 그날 오후에 대표님이랑 신부님이 저희 집에 찾아오셨습니다. 그리곤 절 보시더니 다짜고짜 성심당을 이렇게 두고만 볼 거냐고 물어보시더군요."

　박병선은 10대 시절부터 성심당에서 일했고, 누구보다 성심당을 잘 알고 있는 인물이다. 영진은 박병선과 함께라면 성심당 재건에 도전해 볼 수 있을 것 같았다. 둘은 그 자리에서 의기투합하여 이튿날 성심당 문을 다시 열었다. 그리고 새로 사람들을 모아서 오븐을 가동시켰다. 은행동 성심당과 프랜차이즈 성심당은 이름만 같을 뿐, 그날 이후 완전히 다른 시스템으로 운영되었다. 대전 시민은 이같은 속사정을 알 길이 없었지만, 실제로 두 성심당은 법적으로도 다른 사업체였다.

프랜차이즈 성심당의 부도

기석의 성심당(주)은 창업과 함께 대전 동구 하소동에 프랜차이즈 공장을 차리고 가맹점 모집에 들어갔다. 그간 성심당이 쌓아온 명성 덕분에 모집은 순조로웠다. 가장 많이 확보했을 땐 가맹점 수가 24개에 달했다. 대전 지역 스무 곳, 충남 지역 세 곳, 그리고 서울 롯데월드 지점까지 있었다. 기석은 영진이 운영하는 은행동의 성심당과도 차별화하려고 노력했다. 웰빙 트렌드를 적극 반영해 무설탕 식빵, 두뇌활성 물질인 DHA가 함유된 식빵 등 기능성 식빵 개발에 몰두했다.

하지만 제대로 빛을 보기도 전에 영진이 우려한 사태가 벌어졌다. 하소동 공장에서 매일 아침 체인점으로 배달하는 빵맛이 대전 시민이 오랫동안 익혀온 성심당의 그 맛이 아니었던 것이다. 대전 시민이 기석의 성심당과 영진의 성심당을 굳이 구분할 이유도 없었고, 당연히 성심당 체인점도 은행동 성심당이 운영하는 것이라고 생각했다.

사람들 사이에서 "성심당이 변했다"는 소문이 번지기 시작하자 대부분의 항의는 하소동이 아닌 은행동 145번지로 들어왔다. 영진과 미진 입장에선 벙어리 냉가슴이 따로 없었다. 자세한 내막을 설명할 수도 없고 어디에 하소연할 곳도 없었다. 그런 상황에서 기석의 성심당은 금세 자금 압박에 빠졌다. 기석은 자금난을 해결하기 위해 153번지 건물을 매각하고 싶어했지만 그 건물은 창업주인 아버지가 1970년, 성당 종소리를 들으면서 일하고자 힘겹게 마련한 곳이었다. 성심당의 역사를 고스란히 간직한 뜻깊은 장소를 자금난 때문에 매각한다는 것은 모두에게 용납하기 어려운 일이었다. 결국 아버지 임길순은 다시 영진에게 153번지를 인수할 것을 설득했다. 하지만 아버지의 그 제안은 영진에게 엄청난 부담이었다. 막대한 대출금은 그대로인데 건물을 인수하려면 추가로 다시 거액의 대출을 받아야 했다. 답답하고 속상하기는 미진도 마찬가지였지만 아버님의 뜻을 거스를 수는 없었다.

영진은 결국 아버지의 뜻을 따라 153번지를 다시 인수했다. 그 사이 우리나라는 IMF라는 국가 경제난에 직면하고 있었고 그 여파는 국가 경제뿐만 아니라 지역 경제에까지 고스란히 영향을 미쳤다. 영진의 결단으로 자금난에서 잠시 벗어난 기석은 이런 상황에서도 오히려 사업 규모를 더 키우는 쪽을 택했다. 위기를 기회라고 생각했는지도 모르겠다. 2001년 4월, 기석은 미국 LA에 과감하게 직영점을 냈다. 약 30평 규모에 상호도 'SungSimDang'으로 쓰고 기술자도 다섯 명이나 파견했다. LA에서 성공한 뒤 뉴욕까지 진출하겠다는 야심찬 계획도 세웠다.

비슷한 시기에 국내 프랜차이즈 업체들도 미국 LA의 한인타운에 진출했다. 경주의 대표 브랜드 황남빵도 그때 문을 열었고, 윈제과, 호원당 등의 국내 기업들이 그해 여름 LA에 닻을 내렸다. 당시 미국에는 국내 유명 빵집의 이름만 빌린 유사 가게가 대부분이었는데 성심당을 필두로 국내 빵집들이 진출하여 직영점을 내자 반기는 분위기였다. 이런 분위기가 기석을 고무시켰다.

　　그러나 2000년 58억 원을 기록했던 프랜차이즈 성심당
의 매출은 2001년에 46억 원으로, 2002년에는 37억 원으로
급격하게 위축됐고, 그해 말에는 군납을 하는 수원공장을 폐
쇄하는 특단의 조치를 취해야 했다. 그러나 공장 폐쇄에도 불
구하고 상황은 계속 악화되었다. 2003년 1월에는 국세체납
이 문제가 되어 군납 거래가 끊겼고, 3월 24일에 이르러서는
결국 자금난을 버텨내지 못하고 최종 부도 처리가 됐다. 당시
프랜차이즈 성심당이 막지 못한 어음은 3,800만 원에 불과
했지만, 곧 들이닥칠 어음이 76장, 당좌수표가 22장에 이르
렀다. 은행권 대출 규모도 이미 50억 원을 넘긴 상황이었다.
기석이 꿈꿨던 성심당 프랜차이즈의 원대한 꿈은 이렇게 막
을 내렸다.

극적인 화해

부도를 예감한 기석은 후속 처리를 마치고 가족과 함께 도망
치듯 미국으로 떠났다. 미국 LA에 직영점으로 낸 성심당에
서 재기하려는 계획이었지만 기석의 발걸음은 실패를 절감
하고 뒤돌아서는 패잔병과도 같았다. 기석은 형 영진에게 사

과를 하고 길을 떠났다. 그 뒷모습을 지켜보는 영진도 착잡한 마음을 어찌할 수 없었다.

영진이 운영하던 성심당도 두 차례에 걸친 거액의 대출로 살얼음판 위를 걷고 있었다. 게다가 8년 가까이 계속된 기석의 프랜차이즈 사업으로 대전에서 성심당의 이미지도 좋지 않았다. 특히 기석의 프랜차이즈 성심당이 최종 부도를 맞았다는 뉴스가 지역 사회를 도배했을 때는 선대부터 쌓아왔던 신뢰가 와르르 무너지는 듯했다. 하지만 그보다 영진 부부를 더 괴롭혔던 것은 마음의 짐이었다. 자기 친형제도 제대로 사랑하지 못하면서 직원과 손님을 사랑한다고, 사랑해야 한다고 주장하는 스스로의 모습에 더 많은 자괴감을 느껴야 했다. 물론 기석은 한국을 떠나기 전 사과를 했고 영진은 용서를 했다. 그러나 그 짧은 순간의 형식적인 인사로 지난 8년간 켜켜이 쌓인 마음의 짐이 덜어지지는 않았다.

그해 12월, 영진은 갑자기 미진에게 "미국에 좀 다녀와야겠다"고 선언했다. 12월은 1년 중에 제과점이 가장 바쁜 달이다. 성탄절을 시작으로 새해와 설날, 그리고 발렌타인데이까지 하루를 몇 개로 쪼개야 겨우 일정을 소화할 수 있는 시기에 갑자기 미국에 다녀오겠다는 것이었다. 왜 지금이냐는 미진의 질문에 영진은 성서를 묵상하던 중 '용서는 하늘로부터 온다'는 구절을 읽고 지금이 아니면 안 될 것 같은 생각이 들었다고 했다. 동생을 찾아가 진정한 용서를 빌어야겠다는 생각이 들면서 마음이 급해졌다. 당장 미국에 찾아가서 동생을 만나고 싶었다. 다른 이유는 없었다.

미진은 느닷없이 영진이 공항에 나타났을 때 과연 형제가 서로를 용서하고 화해할 수 있을지 걱정이 이만저만이 아니었다. 하지만 영진의 마음은 확고했고 바로 미국행 비행기에 몸을 실었다. 한국에 남아 있던 미진은 1주일 내내 좌불안석이었다. 비행기 속의 영진도 마음이 편하지 않았다. 온갖 나쁜 생각에도 영진은 쉬지 않고 마음을 다스렸다. 마침내 태평양을 건너 영진이 미국 로스앤젤레스 국제공항에 도착했을 때 기석은 저만치 마중을 나와 있었다. 두 사람은 공항을 빠져 나와 근처 식당에 마주 앉았다. 영진이 먼저 말을 꺼냈다.

"우리, 다 잊어버리자."

그 한마디로 충분했다. 그 한마디에 기석은 주르륵 눈물을 흘리기 시작했다. 울음은 30분 가까이 계속됐다. 지난 8년간 무슨 일이 있었는지, 선후와 시비를 가릴 필요도, 이유도 없었다. 아무런 말도 필요치 않았다.

"그 순간 서운했던 감정들이 다 사라졌어요. 사실 안 보고 살 수도 있었겠죠. 그렇게 사는 형제들도 있으니까요. 하지만 그렇게 맘에 담아 두고 사는 것도 죄잖아요. 그것 자체가 미움이니까요. 그런데 그 한마디에 정말 다 풀어졌어요. 스스로가 백지처럼 깨끗해지는 것 같았어요."

그렇게 동생을 만나 마음의 짐을 덜어낸 영진은 바로 미진에게 전화를 걸어 기쁜 소식을 알렸다. 내내 조마조마했던 미진도 마음의 짐을 덜고 홀가분해졌다. 다시 형제간에 우애가 살아났다. 얼마 후에는 미진도 미국으로 건너가 오랜 회포를 풀었다.

그리고 영원한 이별

미국에서 뿌리내리기로 한 기석의 앞길은 순탄치 않았다. 한국에서 미국으로 이주하자마자 예상치 못한 악재를 만났다. 2003년 4월말 LA 성심당 직영점이 자리하고 있던 웨스턴 2가가 그 지역의 초등학교 신축부지로 선정되면서 강제 철거된 것이다. 철거를 추진한 LA통합교육구로부터 그해 10월 매출과 세금에 대한 보상금을 일부 받기는 했지만 매장 이전 보상금은 1년이 넘도록 지급 받지 못하고 있었다.

졸지에 쫓겨난 신세가 된 기석과 한인 업주들은 1년 넘게 영업을 못해 막대한 피해를 입고 있었다. 그 사이 다른 지역 상가들의 권리금도 천정부지로 올라 보상금만으로는 매장 이전을 못할 지경에 이르렀다. 탈출구가 보이지 않았다.

기석은 이런 과정을 겪으면서 LA에서 어렵게 성심당의 명맥을 이어가고 있었다. 하지만 거듭되는 악재와 스트레스로 기석의 에너지도 빠르게 소진되었다. 평소 위궤양으로 고생하던 기석은 2006년 5월 8일, 넘어지면서 위액과 토사물에 기도가 막혀 갑작스럽게 숨을 거두었다. 영진이 용서를 청하러 기석을 만나러 간 지 3년 만에 일어난 일이었다.

기석의 부음을 전해들은 영진은 깊은 한숨을 내쉬었다. 형제를 잃은 슬픔에 이어, 그때 미국으로 가서 화해하지 않고 이 소식을 들었다면 어땠을지 암담한 심정이 들었다. 사랑은 언제나 할 수 있을 것 같지만 그 기회가 늘 있는 것은 아니다. 의지가 있다고 다 되는 것도 아니다. 그때 만일 영진이 마음속에서 들려오는 소리에 귀 기울이지 않았다면 용서와 사랑의 기회는 없었을지도 모른다. 동생의 갑작스러운 죽음은 슬펐지만 영진은 후회를 남기지 않고 기석을 보낼 수 있음에 감사했다.

잿더미 앞에 선 부부

1990년대 중반부터 슬럼프에 빠진 성심당은 거듭되는 악재를 가까스로 극복하며 버텼지만 한 번 꺾인 성심당의 성장세는 좀처럼 회복되지 않았다. 2000년대 들어서 매출도 급감했다. 2001년 여름 법인으로 전환한 뒤 2002년에 70.5억 원을 기록한 매출은 2003년에 67.8억 원, 2004년에 61.2억 원으로 빠르게 위축됐다. 매출이 줄어드는 만큼 빚 부담도 커졌다. 건물을 매입하는 과정에 두 은행에서 빌린 돈만 50억 원, 매년 지불해야 할 이자만 3억 6,000만 원에 달했다. 당시 매출 규모로는 원금 상환은 언감생심이고 다달이 이자 갚기에도 벅찼다.

자금 압박이 극에 달했을 때는 직원들 급여 줄 돈이 없어서 다시 대출을 받아야 했다. 대출이 또 다른 대출을 부르는 악순환이 이어졌다. 매출은 줄어들고, 대출금은 점점 늘어나는 상황 속에서 성심당의 미래를 기대하기는 어려웠다. 영진의 집안 사정도 마찬가지로 힘들어졌다. 2001년에 대학에 입학한 큰딸부터 시작해 모두 학자금 융자를 받았다. 일단 빚을 먼저 청산해야 했다. 영진은 결국 건물을 매각하기로 마음 먹고 153번지를 부동산에 내놓았다. 아버지가 깊이 의미를 두었던 공간이라 지금까지 빚에 허덕이면서도 차마 내놓지 못한 건물이었다. 하지만 그 건물을 매각해도 당시 시세로는 빚을 갚고 아주 조금 남을 만큼밖에 되지 않았다. 그때의 상황을 영진의 큰딸 선은 이렇게 기억한다.

"건물을 내놓았다고 해서 그렇게 침울한 분위기는 아니었어요. 빚을 갚고 나면 아주 작은 돈이 남을 텐데 그 돈으로 각자 뭘 살 건지 가볍게 이야기를 나누는 자리도 있었어요. 그때 저는 노트북을 사고 싶다고 말했어요."

그러나 건물은 팔리지 않았다. 원도심 자체가 쇠락하고 있었기 때문에 누구도 그곳에 투자하려고 하지 않았다. 성심당은 서서히 지쳐가고 있었고 얼마를 더 버틸 수 있을지 기약할 수 없는 상황이었다. 모두가 가장 힘든 고비를 넘어가고 있던 중에 2005년 1월 22일 토요일 저녁, 설날을 며칠 앞두고 성심당에 큰불이 났다. 옆 건물을 태운 불이 성심당으로 건너와 3층 공장이 완전히 전소됐다. 성심당의 모든 기능은 일시에 정지됐다. 결정적인 한 방이었다. 마치 무적의 세계 챔피언을 상대로 근근이 버텨내던 도전자가 마지막 라운드에서 보기 좋게 KO를 당한 격이었다.

잿더미가 된 성심당을 지켜보며 부부가 성심당의 끝을 예감한 것은 당연했다. 한편으로는 홀가분하기도 했다. 그 누구보다도 성실히 사업을 꾸려왔기에 후회는 없었다. 여기까지가 하늘의 뜻이라면 흔쾌히 받아들일 작정이었다.

프로젝트 '패스오버'

그러나 화재가 끝이 아니라 새로운 시작이었다는 사실을 영진과 미진이 알아차리기까지 단 하루면 충분했다. 이튿날 화재 현장에 모인 직원들은 함께 해결책을 모색하며 복구 의지를 다졌다. '잿더미 속의 우리 회사 우리가 일으켜 세우자!'라는 현수막이 내걸렸고, 청소와 함께 임시 공장 복구 작업이 빠르게 진행되었다.

　직원들의 투지에 감동 받은 영진은 복구 과정 자체에 의미를 부여하고 싶었다. 공군 장교 출신인 영진은 군대에서 흔히 쓰는 '작전명'을 떠올렸다. 그렇게 '프로젝트 패스오버 (Pass-Over)'가 탄생했다. 패스오버는 '지나가다'라는 뜻으로 유대인이 문설주에 수양의 피를 바르고 죽음의 영이 지나가도록 했다는 유월절 이야기에서 유래된 말이다. 화재로 인한 피해 역시 성심당을 지나갈 것이라고 영진은 그렇게 믿고 싶었다.

　한편 화재 소식을 들은 제과업계는 대부분 이제 성심당

은 '끝났다'고 생각했다. 매장 일부가 아니라 공장이 전소된 화재였다. 그 정도라면 재기가 쉽지 않을 거라 여겼다. 혹시 재기하더라도 예전 수준으로 회복되려면 꽤 오랜 시간이 걸릴 터였다. 그러나 일반 상식을 벗어난 그 무엇이 성심당의 복구 현장에 꿈틀거리고 있었다. 바로 회사를 다시 살려내고 말겠다는 뜨거운 열정으로 하나 된 마음이었다.

어렵게 구한 중고 기계를 들여 놓으며 임시 공장이 가동되기 시작했다. 제빵사들도 떨리는 마음으로 반죽을 시작했다. 드디어 오븐에 들어간 단팥빵이 노릇노릇 구워져 나왔다. 불이 나고 불과 6일 만에 이뤄낸 기적이었다. 빵을 받아 든 영진과 미진, 그리고 직원들의 눈에 금세 눈물이 맺혔다. 다시 구워낸 빵을 들고 성심당 직원들은 한참 동안 서로를 부둥켜 안고 눈물을 흘렸다. 한 치 앞도 안 보이는 암흑 같은 터널을 모두가 힘을 합쳐 엿새 만에 탈출한 것이었다. 그때 모두 깨달았다. 성심당 임직원 모두가 한 가족이라는 것을. 직원은 회사가 필요했고, 회사는 직원이 필요했다. 그렇게 그들은 가족이 되었다.

화마가 휩쓸고 간 자리에 많은 것이 불에 타 없어진 성심당의 처참한 광경. 직원들은 잿더미가 되어버린 이곳에서 다시 재기의 의지를 불태웠다.

성심당의 복구 작업은 직원들의 자발적 참여로 시작되었다. 회사를 살리기 위해 다시 힘을 내기 시작한 그들은 밤낮으로 복구 작업에 매달렸다.

수습의 과정

화재 사건은 인명 피해와 재산 손실이 걸려 있는 문제라 민감할 수밖에 없다. 성심당 직원들은 무사했지만 이 화재의 부상자만 23명이었다. 그중 몇 명은 옆 건물 옥상에서 뛰어내려 중상을 입었다. 화재 원인이 어떻게 밝혀지느냐에 따라 배상의 책임까지 짊어질 수도 있었다.

사정을 알게 된 지인들이 이튿날부터 찾아와 이런저런 조언들을 쏟아 냈다. 그 시점에서 가장 서둘러야 할 것은 소방서 관계자를 미리 만나 손을 써야 한다는 것이었다. 화재 조사를 담당한 소방관이 어떻게 보고서를 작성하느냐에 따라 책임 소재와 피해배상액의 크기가 달라질 수 있기 때문이다. 미리 소방서 관계자들과 좋은 관계를 만들어야 보고서도 성심당에 유리하게 나올 수 있다는 것이었다.

그러나 영진은 이런 제안을 전부 거절했다. 조사는 화재 사건 감식 전문가가 하는 것이지 회사 대표가 끼어들어서는 안 된다는 생각에서였다. 더구나 화재가 났을 때 영진과 미진 모두 현장에 없었고, 직원들은 모두 건물 안에서 일하고 있었다. 성심당 사람들이 화재에 대해 할 수 있는 증언은 극히 제한적이었다. 영진과 미진은 화재를 수습하는 과정에 그 어떤 로비도 하지 않기로 했다. 그저 양심을 걸고 떳떳하고 당당하게 대응해 나가자고 생각했다.

그러나 지인들의 우려는 곧 현실로 다가왔다. 월요일자 신문에 분명히 건물 사이 배전함에서 불이 시작되어 성심당까지 번졌다는 보도가 있었지만, 며칠이 지나자 어느새 그 불이 성심당에서 발화한 것으로 와전되기 시작했다. 소문은 소문으로 그치지 않았다. 화재와 관련한 손해배상 청구서가 성심당으로 날아들었다. 화재 피해를 입은 가게는 물론이고 화재 현장에서 부상을 입은 피해자들도 성심당을 상대로 줄줄이 소송에 나섰다.

여러 서류에 적힌 보상 금액만 합쳐도 수십억에 달했다. 그렇지 않아도 자금 사정이 어렵던 성심당으로서는 보통 압박이 아니었다. 소방서 관계자를 미리 만나야 한다고 조언했던 지인들은 혀를 차며 "거 봐라"를 반복했다. 그러나 부부는 흔들리지 않았다.

화재 원인을 다투는 소송은 1년 넘게 계속되었다. 일명 국과수로 불리는 국립과학수사연구원에서도 직접 나와 현장 감식을 했다. 다행히 조사는 객관적으로 진행됐다. 국과수가 밝힌 발화 지점은 옆 건물 동화빌딩 벽에 부착된 전기배전반이었다. 거기에서 발생한 불이 동화빌딩 내부를 불태운 뒤 2층 철제 계단과 임시창고를 타고 성심당으로 번져온 것이다.

　　이 보고서를 바탕으로 성심당은 2006년 3월 대전지방 검찰청으로부터 업무상과실치상에 대해 무혐의 처분을 받았다. 결과가 정확하게 나온 것도 중요했지만, 그 이상으로 부부는 지난 1년간 원칙을 잘 지켰다는 사실이 더 뿌듯했다. 사실 그 기간 동안 성심당은 속속들이 다시 태어나고 있었다.

　　다른 한편에서는 손해배상과 관련한 민사 소송이 진행되고 있었다. 2007년 11월말에 결정된 손해배상 결심공판에서 대전지방법원은 성심당도 화재에 연대 책임이 있다고 판단하고 전체 배상금의 40%인 2억 3,000만 원을 지급하라는 '화해권고' 결정을 내렸다. 성심당은 전년 3월에 검찰청으로부터 받은 무혐의 처분을 근거로 상급 법원에 항소할 수 있었지만 그렇게 하지 않았다. 배상금을 안 내는 것보다 사건을 종결시키는 것이 더 중요하다고 판단했기 때문이다.

성심당다움에 대하여

비록 임시지만 공장이 다시 가동되기 시작했다. 꺼져가던 불씨를 되살리는 데 성공한 성심당은 이제 체력을 예전 수준으로 끌어올려야 하는 과제가 남았다. 부부는 다시 시작하는 성심당을 경영자와 직원이 완전한 일치를 이루는 회사로 만들고 싶었다. 하지만 여유 자금이 없었다. 성심당의 자금 사정은 최악이었다. 한 달 벌어 그 달 월급을 겨우 줄 수 있었고, 심지어 가까운 지인에게 융통하여 겨우 급여를 지급하는 달도 있었다. 당연히 복구 비용도 부족했다. 그래서 더욱 신중하게 정책을 결정해야 했다. 성심당 경영진은 일본 빵집에서 답을 찾기로 하고 답사를 떠났다.

답사에는 영진과 미진, 그리고 공장장과 매장 관리자 이렇게 네 명이 참가했다. 3박 4일 일정으로 일본의 빵집들을 탐방하는 코스였다. 하루 종일 쉬지 않고 빵집을 돌아다녔다. 한 곳을 둘러본 뒤 모여 앉아 그림을 그려보고 다음 가게로 옮겨서 회의하는 방식으로 빡빡한 일정을 채웠다. 하지만 성심당의 모델이 될 만한 사례를 좀처럼 발견하기 어려웠다. 일본의 제과점은 대부분이 규모가 작아서 규모가 큰 성심당이 참고하기에는 한계가 있었다. 돌아갈 시간이 다가올수록

네 명 모두 부담감이 극에 달했다. 없는 살림에 떠나온 출장
이라 기한을 늘릴 수도 없었다. 아무 소득 없이 마지막 날이
밝았다. 뭐라도 건져야 했다.

그때 길 모퉁이에 자리 잡은 조그마한 빵집이 영진의 눈
에 들어왔다. 모퉁이에 문을 낸 구조가 성심당 본점과 무척
닮아 있었다. 네 명은 이끌리듯 모퉁이 빵집에 들어섰다. 그
리고 실마리가 풀린 듯 그 자리에서 본점의 밑그림을 그리기
시작했다.

답사팀은 모퉁이에 문을 내어 공간감을 최대한 활용하
는 대신 매장 크기를 대폭 줄이는 쪽으로 의견을 모았다. 그
리고 성심당이 가진 장점, 즉시 구워 신선하고 따뜻한 빵을
만드는 공장을 부각시키기로 했다. 공장의 절반을 1층 매장
으로 내려 빵을 만드는 과정을 손님들이 볼 수 있게 했다. 진
열 매대가 절반가량 줄어드니 제빵사들의 부담도 절반으로
줄었다. 기부하는 빵 이상으로 남았던 재고 부담도 그만큼
줄었다.

미진에게는 인테리어 미션이 떨어졌다. 예산은 딱
5,000만 원이었다. 조그마한 매장도 인테리어에 공을 좀 들
이면 수억 원이 들어가는 세상에 5,000만 원은 너무 적은 돈
이었다.

"회사 사정이 뻔히 보이니 무슨 수를 써서라도 그 돈으

로 해야 했어요. 그때 심정은 정말 전쟁터에 총알 한 발만 갖
고 나가는 기분이었어요. 단 한 번의 기회, 한 발에 모든 것
을 걸어야 했으니 보통 부담이 아니었죠."

　제과점의 인테리어는 하루가 다르게 트렌드가 바뀌었
다. 새로운 소재와 디자인, 그리고 감각적인 조명이 거리 풍
경을 바꾸고 있었다. 인테리어 디자인을 참고하려고 서울을
찾은 미진은 현기증에 시달렸다. 서울은 성심당이 쫓아가기
에 너무 빠르고 화려하게 변하고 있었다. 대기업 프랜차이즈
제과점들도 세련된 디자인을 뽐내고 있었다. 5,000만 원으
로는 흉내도 못 낼 수준이었다. 그렇다고 인테리어를 대충할
수도 없었다. 지켜보는 사람이 많았다. 단골 손님들도, 같은
업계 사업자들도 다시 일어서는 성심당에 주목하고 있었다.

　미진은 이때만큼 성심당의 정체성을 깊이 고민한 적이
없었다. 가장 성심당다운 것은 과연 무엇일까? 고민하던 미
진은 마음을 고쳐먹었다. 외부 사례를 참고하는 대신 자기만
의 방법을 찾기로 했다. 지금까지 대전 시민이 성심당을 찾
아온 이유에 대해서, 그들이 성심당에서 느끼고 싶은 것은
과연 무엇인지 깊이 고민하기 시작했다. 성심당은 대전 시민
에게 빵과 함께 무엇을 제공할 수 있을까? 성심당이 아니면
줄 수 없는 것이 있다면 그것은 무엇일까?

　2000년대 초에 채택한 회사의 경영이념은 '모든 이가

다 좋게 여기는 일을 하도록 하십시오'였다. 미진은 여기에
서 '모든 이'가 누구일까 생각하고 또 생각했다. 처음 이 구절
을 선택했을 땐, 막연하게 '성심당을 찾는 모든 사람', '누구
에게나' 정도로 생각했다. 그러나 회사의 사활이 걸린 마지
막 기회를 앞에 두고, 이 '모든 이'를 명확하게 정의하지 않
고서는 성심당의 정체성을 세울 수 없을 것 같았다. '모든 이'
가 누구인지 명확하게 알아야만 그에 맞는 행동을 이끌어 낼
수 있었다.

'모든 이'의 발견

미진은 성심당이 가장 잘 되던 1980년대를 떠올렸다. 성심
당은 종교와 무관한 사람이 보기에도 가톨릭 신자가 하는 빵
집으로 보였다. 가난한 사람들을 돕고 나눔을 실천하는 곳이
라는 평가도 받았다. 세련되고 화려하기보다는, 따뜻하고 언
제나 보살핌의 손길을 건네는 엄마 같은 모성애를 느낄 수
있는 공간이었다. 배고픈 아기에게 언제든 젖을 내줄 수 있
는 그런 곳이어야 했다.

　어려운 시절을 보낸 지난 10년간 성심당은 사실 시류를

쫓아가 보려고 애썼다. 아파트와 핵가족 시대가 열리고, 대기업의 프랜차이즈 공세가 가열되면서 성심당도 그들처럼 작고 세련된 빵을 만들고 싶어한 적이 있었다. 성심당도 대기업 이상으로 잘 한다는 이야기를 듣고 싶었다. 그래서 같은 트렌드 속에서 경쟁하려고 애썼다. 그러나 '모든 이'를 상수로 놓고 방정식을 풀어 보니 1990년대의 성심당은 어느새 본연의 모습에서 상당히 벗어나 있었다. 화재 사건을 계기로 다시 본래의 모습으로 돌아가야 한다는 확신이 들었다.

미진의 머릿속에 희뿌연 안개 같았던 '모든 이'가 서서히 모습을 드러내기 시작했다. 모든 이는 말 그대로 모든 사람을 의미하지만 그렇다고 해서 경계가 뒤섞인 한 덩어리는 아니었다. 잘 들여다보면 각자 뚜렷한 색깔을 갖고 있는 한 명 한 명의 모습이 비로소 보이기 시작했다. '모든 이'에는 성심당을 찾는 손님도 있고, 성심당을 찾지 않는 사람도 있다. 여자도 있고 남자도 있다. 어르신도 있고 어린이도 있다. 내부 직원도 있고 거래처 직원도 있다. 가난한 사람도 있고 부유한 사람도 있다. 모든 이는 서로 다른 자기 정체성을 가지고 있는 존재다. 그들이 좋게 여기는 일, 좋게 여기는 공간을 생각해야 하는 것이다.

성심당이라면 가난한 이들이 주눅 들지 않으면서 동시에 부유한 이들도 초라하게 느끼지 않아야 한다. 성심당이라면 손님들을 만족시키는 매장 환경은 물론, 직원들도 함께 만족할 수 있는 근무 환경을 조성해야 한다. 성심당이라면 어르신들에게 친근하면서 동시에 젊은이들에게도 세련된 공간을 제공해야 한다.

오랜 고민 끝에 도출된 인테리어 콘셉트는 '시간이 지나도 변하지 않는, 모두가 좋아하는 자연 그대로의 모습'이었다. 따뜻한 가정집 같은 빵집, 자연스럽고 편안한 분위기를 연출하기 위해 기존의 대리석 바닥을 걷어내고 나무로 된 마루를 깔았다. 비용을 줄이기 위해 직원들이 함께 일손을 보태기 시작했다. 아주 전문적인 부분만 빼고는 인테리어 전 과정에 직원들이 달라붙었다. 물론 영진과 미진도 예외는 아니었다. 다들 추리닝 바람으로 유리를 닦고 액자를 걸었다. 마룻바닥에 콩기름을 먹일 때는 각자 집에서 못 쓰는 속옷 조각을 가져와 줄을 맞춰 가며 밤새 닦았다. 마치 1970년대 교실 청소 풍경을 보는 것 같았다.

본점 단장을 끝내고 문을 여는 순간, 화재가 나고 처음 빵을 받아 들었을 때처럼 영진 부부와 모든 직원들은 한자리에 모여 서로의 손을 붙들고 엉엉 울기 시작했다. 임직원 전원이 나와 새 매장을 찾은 손님들을 향해 온 마음으로 "반갑습니다!"를 외쳤다. 매장은 눈물바다였지만 기쁨과 환희 또한 넘쳐났다. 영진도 직접 시식 코너 앞에 섰다. 시식만으로도 주린 배를 채울 수 있게 시식용 빵을 큼지막하게 잘랐다. 그날은 직원과 손님이 함께 감격하고 함께 기뻐한 축제의 날이었다.

'모든 이'의 개념이 분명해지자 매장 인테리어뿐만 아니라 성심당의 모든 분야가 제자리를 찾기 시작했다. 성심당은 대기업과 경쟁하며 최첨단 시스템의 베이커리를 추구하는 빵집이 아니었다. 성심당은 소박한 재료로도 구수한 된장찌개를 척척 끓여 내는 엄마 같은 존재여야 했다. 부족할까 봐 한술이라도 더 챙겨 담는 엄마의 마음으로 다가서야 했다.

그래서 빵 크기를 다시 키웠다. 핵가족, 1인 가족 시대라고 작아지기만 하던 빵 트렌드를 정면으로 거스르기로 했다. 시식도 예전처럼 화끈하게 하기로 했다. 갓 구워 따뜻한 빵이 나오면 종이 울리며 넉넉한 빵이 시식 접시에 오른다. 많이 먹는다고, 여러 번 먹는다고 눈치 주는 일도 없다. 배가 출출한 청소년들이 시식 시간에 맞춰 매장을 한 바퀴만 돌아도 배를 채울 수 있다.

빵 봉투도 바꾸었다. 환경을 생각하여 재생용지를 활용하되 품격 있는 디자인으로 품위를 잃지 않게 했다. 포장하는 사람이나 가져가는 사람 모두에게 편리하고 유용한 포장 패키지 디자인도 개발했다. 모든 분야에 이른바 '성심당 스타일'이 구체적으로 자리를 잡기 시작했다. 그리고 점차 프랜차이즈 빵집들과도 자연스럽게 차별점이 생겨났다. 현장에서 바로 구워낸 따뜻하고 맛있는 빵, 푸짐하고 넉넉한 시식 문화. 성심당의 빵은 공장에서 생산하고 트럭에 실려 매장까지 운반하는 냉동빵과 같을 수 없었다.

2005년 1월 22일의 화재는 어쩌면 성심당의 마지막 장면으로 남을 수도 있었지만, 직원들은 재난에 굴복하지 않고 새로운 성심당 역사를 써 내려갔다. 그래서 성심당 구성원들은 이날을 '제2의 창업일'로 부른다. 성심당의 경영진은 위기 속에서 어설픈 벤치마킹에 매달리기보다는 스스로 본질을 찾으려고 애썼다. 선대 때 만들어진 성심당의 정체성을 새롭게 정의하면서 자신들의 이야기로 재탄생시키는 데 성공한 것이다.

화재 현장에서 무너지지 않고 스스로 회복하는 성심당을 생생하게 지켜본 대전 시민은 그야말로 화끈하게 '응답'했다. 다시 빵을 만들고, 매장을 단장한 뒤 올린 매출은 이전보다 급상승했다. 2005년 1월을 뜨겁게 달군 '프로젝트 패스오버'는 이렇게 성공적으로 마무리됐다. 위기는 지나가고 새로운 도약의 발판이 만들어졌다.

성심당의
아이덴티티

성심당은 끊임없이 회사의 정체성을
고민하고 경영이념과 비전을
확립해 왔다. 그 고민의 과정은 경영
방식은 물론 회사의 브랜드 아이덴티티,
즉 기업 네이밍과 로고 디자인에도
잘 드러나 있다. 성심당 로고 변천사
속에는 성심당의 종교적 색채는
물론, 전문 제과점으로서의 자부심,
대전 시민과 함께 상생해 온 친근한
로컬 기업의 이미지까지 모두 엿볼 수
있다.

성심당이 한참 크게 성장하던
80년대에는 친근한 캐릭터 로고를
전면에 내세웠다. 시대와 문화가
격변하던 90년대에는 그 변화에 발맞춰
나가기 위해 다양한 실험을 진행했다.
프랜차이즈 브랜드가 위세를 떨칠 땐
성심당 역시 외래어를 사용한 로고로
바꾸었지만 시민들에게 외면당했다.
이 일은 결국 성심당의 가장 근원적인
정체성을 다시금 확인시켜 준 계기가
되기도 했다. 2005년 화재 이후
현재 성심당의 경영이념과 역사를
잘 보여 주는 세련된 로고가 자리
잡았으며, 창업 60주년을 맞은
2016년에는 초심을 생각하며 창업 초기
매장의 기와지붕을 표현한 엠블럼을
선보였다.

성심당은 대부분의 포장 자재에
재활용이 용이한 종이를 사용하고
있다. 디자인도 성심당의 편안한
분위기를 느낄 수 있는 글씨체와 색상,
친근한 로고, 대전의 작가들과 협업한
일러스트를 사용한다.
사진은 다양한 성심당 종이 패키지와,
KTX 개통 20주년을 맞아 제작한 기차
모양의 패키지 디자인이다.

1 1980년대에에는 포장지 납품업체에서 디자인까지 하는 것이 일반적이었지만 성심당은 이 시기 처음으로 디자이너에게 브랜드 로고 디자인을 의뢰하였다. 그 결과 귀여운 곰 캐릭터가 카스텔라를 들고 있는 친근한 이미지의 첫 캐릭터 로고가 완성되었다.

2 성심당이 가장 크게 성장하던 1980년대 두 번째 로고는 성심당의 가톨릭 정신을 표현한 십자가 형상에 성심당의 'S'를 함께 디자인하였다. 전문 제과점 전성시대에 걸맞는 '전통의 제과'라는 카피도 이때 등장하였다.

3 1980년대 중반은 우유식빵이 주력 제품으로 판매되던 시기다. 전국 제과점의 메뉴가 확대되던 시기로, 옥수수식빵, 밤식빵, 보리빵 등 다양한 식빵들이 시판되기 시작했고 건강과 맛을 강조하는 디자인이 등장했다. 로고나 캐릭터가 오동통한 것은 그 시절에는 고칼로리 제품이 오히려 강점이었기 때문이다.

4 경제가 풍요롭고 사회와 문화가 급변하던 1990년대는 성심당의 브랜드 디자인이 가장 많이 바뀐 시기로 급변하는 환경 속에서 살아남고자 고심한 흔적이 엿보인다. 유럽식 제과점이 유행하면서 외국어가 범람하던 프랜차이즈 베이커리에 자극을 받아 1992년에는 프랑스어를 도입, '성심'이란 뜻의 '사크레케어'로 이름을 바꾸고 로고 디자인을 변경하였으나, 불분명한 정체성으로 오히려 고객들에게 외면당했다. 이후 성심당의 정체성을 더욱 고민하는 계기가 되었다.

5 1999년부터 성심당의 브랜드는 캐릭터를 배제한 워드마크 중심의 디자인으로 변화하였다. 성심당 브랜드를 보다 정직하고 직접적으로 전달하기 위해 타이포그래피 디자인을 강조한 로고타입을 선보였다.

6 2005년 화재 이후 50년 전통 전문 제과점의 이미지를 살리기 위해 셰프의 모습을 강조한 새로운 로고 디자인이 등장하였다.

7 2012년 대전역 입점을 기념으로 성심당의 진정성을 담은 캘리그라피 로고를 개발, 가톨릭 정신을 담은 창업주의 예수 성심에 대한 마음을 한자로 표현하였으며 거룩한 노동으로 빵을 만들고 고객을 만나는 것을 표현하고자 했다.

8 60주년을 맞아 기존 로고를 다듬어 60년 전통 전문 제과점 성심당의 로고를 보다 완성도 있게 이끌어 냈다. 성심당 초창기 기와지붕을 형상화한 기념 엠블럼을 제작, 누구나 자신의 도시 안에서 자신의 도시를 사랑하며 지역의 가치 있는 기업으로 그 역할을 다하고자 하는 의지를 담았다.

9 2017년 성심당은 두 개의 엠블럼을 제작했다. 하나는 성심당의 마음을 상징하는 '마음 심' 심볼을 중심으로 디자인해 심블렘이라는 애칭이, 다른 하나는 '쟁반 한 가득, 행복 한 가득'이라는 빵 쟁반 모티프를 접목하여 빵블렘이라는 애칭이 붙었다. 심블렘이 밀가루 두 포대로 시작하여 어려운 이웃을 위해 빵을 나누어 온 성심당의 큰 마음을

나타낸다면, 빵블렘은 1956년 이래, 한결 같은 정성으로 빵을 통해 사랑을 나누고 행복을 전하는 성심당의 소박한 마음을 표현했다.

정체성에 대한 성심당의
고민과 노력의 흔적은 로고
디자인뿐만 아니라 포장
재료와 디자인의 변화에서도
확인할 수 있다. 특히 화재
이후 '성심당다움'을 고민하던
경영진은 '모든 이가 다
좋게 여기는 일을 하도록
하십시오'라는 경영이념을
바탕으로 포장 디자인을
친환경 자재와 그에 어울리는
디자인으로 교체했으며,
인테리어 또한 모든 이가
편안하게 다가서고, 좋아할 수
있는 자연스럽고 따뜻한
분위기를 연출했다. 마룻바닥과
따스한 조명, 성심당을 찾는
이들을 생각한 인테리어에서
말이 아닌 실천으로 확고한
정체성을 실현하고자 한
성심당의 변화 의지가
엿보인다. 또한 눈에 보이는
이미지뿐만 아니라 제품에
사용하는 식자재도 가급적
지역의 신선한 농산물을
이용하고 건강과 환경을
생각한 좋은 재료들을
사용하는 것을 원칙으로 하여
기업의 정체성이 브랜드의
이미지뿐 아니라 모든 내용과
과정에서 일치하게 만들었다.

빵집에 들어오는 손님을
품으로 안아주는 듯한
모습의 성모상은 환영의
뜻을 담은 조각상으로
성심당의 전 매장에
걸려있다.

대흥동 성당의 종소리를 들으며
일할 수 있는 은행동 153번지
숫자에 의미를 부여하여 매일
성심당의 정체성을 잊지 않고
가슴에 새길 수 있도록 했다.

밀가루 두 포대는 성심당의 초심을
상징한다. 신부님께 받은 밀가루
두 포대에서 시작한 성심당의 역사를
잊지 않고, 지역을 지키며 나눔과
사랑을 계속 실천하는 기업으로
자리매김하고자 하는 마음을 담았다.

새로운 비전

성심당의 탄생 배경이 된 6·25 전쟁이
끝난 지도 50년, 창업자 임길순도
세상을 떠났다. 선대의 맹목적인
신념만으로 성심당의 존재 이유를
설명하기에는 세상은 너무 급변하고
있었다. 스스로의 의지로 성심당의
정체성을 찾고 미래를 준비할
시기가 된 것이다. 새 술을 담을
새 부대가 필요했다. 포콜라레 정신을
근간으로 한 'EoC_모두를 위한
경제'는 그렇게 성심당의 새로운
좌표가 되었다.

사람의 행동은 좀처럼 생각의 틀을 벗어나지 못한다. 아는 만큼 보인다는 말처럼 인간은 생각하는 만큼 행동한다. 뒤집어 말하면 생각의 틀이 행동의 범위를 결정한다고 해도 과언이 아니다. 똑같은 현상을 보고도 생각의 틀이 다르면 각자 다른 행동을 할 가능성이 높다. 따라서 하나의 조직이나 단체라면 구성원이 같은 생각의 틀, 즉 비전을 공유하는 것이 중요하다. 사업의 의의와 방향성을 조직원과 충분히 공유하고 내면화할 때 비로소 조직은 단합하고 하나 되어 움직일 수 있기 때문이다.

10년 가까이 차곡차곡 누적된 위기 상황들, 그리고 마지막 순간에 터진 엄청난 재난과 위기 앞에서도 성심당 구성원들은 흩어져 도망가지 않고 슬기롭게 모든 상황을 해결하고, 극복해 나갔다. 어떻게 그런 일이 가능했을까? 지금부터는 위기 앞에서 특히 강해지는 성심당의 내적 동력, 즉 그들

이 함께 공유해 온 생각의 틀은 무엇인지, 그 단단한 구심점
에 대해서 이야기하려고 한다.

멈춤 그리고 비움

다시 1999년, 20세기의 마지막 해가 밝았을 때 성심당은 안
팎으로 위기의 시간을 보내고 있었다. 원도심은 쇠락하고,
동생의 프랜차이즈 사업으로 영진의 마음고생은 하루하루
커져만 갔다. 정신 바짝 차리고 더 열심히 일해도 살아남을
수 있을지 장담할 수 없는 상황에 설상가상으로 미진의 몸에
병마가 찾아왔다. 이름도 흔치 않은 모야모야병이었다. 모야
모야병은 방치했다가는 뇌출혈로 장애, 혹은 죽음까지 이를
수 있는 희귀병이라 그해 초 미진은 바로 뇌수술을 받고 모
든 일을 손에서 놓아야 했다. 나이 마흔에 겪은 큰 수술이었
다. 결혼 직후 성심당 디자인과 마케팅을 도맡으며 17년간
숨 가쁘게 달려왔지만 이제는 모든 것을 멈추고, 먼저 몸을
돌봐야 했다.
　처음에는 그렇지 않아도 힘든 시기에 무거운 짐이 하나
더 얹어진 것 같은 생각을 떨칠 수 없어 마음이 편치 않았다.

하지만 병실에 누워 있는 동안 미진은 분초를 다투던 일정에서 벗어나 깊은 생각에 빠져들 수 있는 시간 여유를 갖고, 비로소 성심당의 과거와 현재를 제대로 돌아볼 수 있었다.

　한 번 생각의 물꼬를 트자 온갖 질문이 밀려들었다. 무엇 때문에 이렇게 달려온 걸까? 돈? 명예? 선대부터 이어져 온 성심당의 명맥? 힘든 하루하루를 버텨 내면서도 막연히 지켜내야만 한다고 생각했던 성심당의 존재 이유에 대한 깊은 성찰이 이어졌다. 왜 성심당이 존재해야 하는가? 성심당은 모두에게 어떤 의미인가? 우리는 이제 어디로 나아가야 하는가?

　성심당의 탄생 배경이 된 한국전쟁이 끝난 지도 50년, 창업자 임길순도 2년 전에 소천했다. 아버님의 맹목적인 신앙만으로 성심당의 존재 이유를 설명하기에는 이미 세상이 너무 많이 달라졌다. 아버님의 의지가 아닌 스스로의 의지로 성심당의 존재 이유를 찾지 않는 한, 이 난관을 능동적으로 헤쳐 나가기란 불가능해 보였다. 새로운 좌표가, 새 술을 담을 새 부대가 필요했다. 그리고 미진과 영진에겐 무엇보다 '회복과 충전'의 시간이 필요했다. 두 사람은 쳇바퀴 같은 일상에 매몰되어 에너지를 모두 소진하고 있었다. 정신적으로나 육체적으로 벼랑 끝에 내몰렸던 부부는 1주일의 시간을 과감히 비우고 일상에서 잠시 떠나기로 했다.

포콜라레 운동

수술에서 회복한 미진과 영진이 향한 곳은 필리핀. 그곳에서 부부는 포콜라레 새인류학교(New Humanity School)라는 프로그램에 참여했다. 포콜라레(Foco-lare)는 이탈리아에서 시작하여 현재 전 세계적으로 전개되고 있는 가톨릭 교회의 사회 운동이다.

1980년대, 영진이 막 경영을 시작했을 무렵 아버지 임길순은 로마에서 갓 유학을 마치고 대흥동성당에 부임한 유흥식 라자로 신부에게 아들을 잘 이끌어 달라고 각별히 부탁했다. 그러자 유 신부는 로마를 중심으로 활발하게 일어나고 있는 '포콜라레 운동'을 영진에게 소개했다. 사업가로서 본질적인 고민에 빠져 있는 영진에게 도움이 될 단체라고 생각했기 때문이다. 하지만 부부가 처음부터 포콜라레 운동에 적극 참여한 것은 아니었다. 대전 가톨릭 신자들 사이에서 성가정으로 소문난 성심당이었기에 속이 다 들여다보이는 유리 상자 속에서 살아가는 듯한 부담이 적지 않았다. 특히 포콜라레 운동을 처음 접한 1980년대 중반에는 성심당이 너무 크게 성장하던 시기라 다른 사람들의 시선을 의식하지 않을 수 없었다. 포콜라레 공동체 안에 들어가면 거의 모든 삶을 투명하게 나누며 공유해야 하는데 당시의 유명세가 오히려 걸림돌이 된 것이다.

하지만 10여 년이 지나고, 미진이 병실에 누워 스스로에게 질문을 던지는 그 시간 동안 미뤄 두었던 포콜라레 정신이 고개를 들기 시작했다. 한치 앞도 보이지 않는 성심당의 미래에 빛을 밝혀 줄 새로운 좌표를 찾고 싶었다. 사랑과 일치를 추구하는 포콜라레 정신이라면 임길순의 헌신과 맹목적인 나눔과도 배치되지 않았다. 아버님이 돌아가신 지금, 성심당의 방향을 제시하고, 경영자들에게도 정신적 버팀목이 되어 줄 굳센 의지처가 될 수 있을 거라 생각했다.

포콜라레는 다른 종교 운동과는 달랐다. 포콜라레는 현실 속의 문제와 씨름하기를 주저하지 않았다. 특히 미진과 영진이 참여한 '새인류학교'는 사회 모든 분야에서 혁신을 이루고자 하는 영성 프로그램으로, 경제 불평등과 사회의 소외 문제를 어떻게 해결할 것인지 기업인들이 자신의 일터와 직업 안에서 구체적으로 고민하고 실천하는 운동이었다. 이곳에서 부부는 비로소 오랜 갈등이 해소되는 것을 느꼈다. 선대의 뜻을 온전히 받들면서도 새로운 시대와 환경에 적용할 수 있는 든든한 좌표가 여기 있었다.

부부는 매시간 몰입했다. 그저 나쁜 짓 하지 않고 착하게 살면서 적당히 나누고 기부하는 것만으로는 충분하지 않

왔다. 포콜라레에서 두 사람은 더 높은 이상과 실천이 필요
하다는 것을 깨달았다.

부부는 쉬는 시간마다 머리를 맞대고 앞으로의 성심당
을 그리기 시작했다. 빵집을 통해 어떻게 이타적인 경영과
보편적인 형제애를 실현할 것인가? 영진과 미진은 성심당을
오랫동안 유지해 온 본질적인 사명을 보다 적극적으로 찾기
시작했고 프로그램을 마칠 때 결심했다. 듣는 것으로 끝내지
말고 돌아가자마자 실천하자고.

포콜라레 운동

포콜라레 운동은 1943년 제2차 세계대전 중 이탈리아의 북부 도시 트렌토에서 처음 시작됐다. 당시 이탈리아는 파시스트인 무솔리니가 지배하고 있어서 전 국토가 연합군의 무차별 폭격에 노출되었고, 트렌토도 예외가 아니었다. 연합군의 폭격은 하루도 거르지 않고 계속됐다. 공습 사이렌이 울리면 마을 주민들은 방공호로 대피하기에 바빴다. 일상은 무너졌고 삶은 피폐해져만 갔다. 그 곳에 20대 초반의 여성 끼아라 루빅(Chiara Lubich)이 있었다.

방공호로 대피할 때 끼아라는 작은 성경책을 지니고 갔다. 폭격 아래, 침침한 방공호 안에서 읽는 성경구절은 새로운 생명력을 지니고 있었다. 그중에 유독 끼아라를 사로잡는 구절이 있었다. "가장 보잘깃없는 형제 하나에게 베푼 것이 바로 나에게 한 것이다(마태오 25, 39)" 끼아라와 친구들은 방공호에서 나왔을 때 이 구절을 즉시 실천하고자 하였다. 가난하고, 병들고, 또 부모를 잃고 공포에 질린 아이들까지. 폐허가 된 도시를 누비며 고통 받고 있는 이웃들에게 도움의 손길을 내민 끼아라와 친구들은 트렌토의 보잘것없는 형제들을 저녁 식사에 초대하곤 했다. 가장 좋은 식탁보를 깔고, 같은 식탁에 둘러 앉아 함께 식사를 하였으며 필요한 물품을 나눴다. 이들의 사랑의 행위는 주위 사람들의 마음을 움직였다. 트렌토 시민들은 이 젊은 여성들을 찾아와 기꺼이 자기 물건을 내놓기 시작했다. 같은 도시에 사는 가난하고 소외된 형제들에게 공급해 달라는 것이었다. 다양한 자루와 꾸러미가 끼아라의 집 앞에 놓이기 시작했다. 끼아라와 친구들은 폐허가 된 도시 위에 일종의 '재난 유토피아'를 만들어 내는 데 성공했다. 끼아라에게 당시 하루하루는 그야말로 기적의 연속이었다. 절망 속에서 피어난 희망이기에 체험의 농도는 더욱 짙었다.

끼아라는 모든 인류가 형제애를 바탕으로 한 상호 존중으로 일치를 이루기를 기도했다. 인종과 이념의 우수성을 앞세운 파시즘과 나치즘이 이탈리아는 물론 유럽 전역을 잿더미로 만들었다는

사실을 누구보다도 잘 알기에
끼아라는 '차이'가 아닌 '일치'에
더 몰입했다. 일치는 용기를
일깨웠고, 용기는 연대를 만들어
냈다. 폭탄도 무너뜨릴 수 없고
죽음마저 손댈 수 없는 일치의
이상(理想)을 가슴에 품었다. 함께
있을 때 그들은 두렵지 않았다.
이들의 삶을 보고, 사람들은
끼아라와 그의 친구들이 사는 집을
포콜라레라고 불렀다. 포콜라레는
이탈리아 말로 '벽난로'라는
뜻으로, 단순한 공간이 아니라
따뜻한 가족 공동체를 상징한다.
모임의 규모는 점점 넓어지기
시작했다. 비록 가톨릭 정신에
기반을 뒀지만 종교의 벽을 허물고
문호를 활짝 개방했다.
포콜라레는 이탈리아의 가톨릭
교회에서 시작됐지만 기독교의
모든 교파로 확대됐고, 나아가
이슬람을 포함한 다른 종교에까지
퍼져 나갔다. 끼아라는 수많은
종교와 이념들이 공통으로 지닌
황금률을 실천하고, 서로를
존중하는 가운데서 평화와 정의를
지키며 일치를 이룰 수 있다고
믿었다.
포콜라레 운동은 시작된 지 6년

만인 1949년에 북부 이탈리아에서
회원 수가 3,000명을 넘어섰다.
21세기에는 전 세계 180여 개
나라에 약 200만 명의 회원과
450만 명의 협조자를 보유한
국제 조직으로 발돋움했다. 특히
이탈리아와 브라질, 아르헨티나와
필리핀에서 활발하게 활동하고
있다. 우리나라에서는 1967년에
처음 포콜라레 모임이 시작되었고,
1969년에 지역본부가 설립됐다.
현재 다양한 연령과 계층을
망라하며 2만여 명의 회원이
활동하고 있다.
www.focolare.or.kr

새로운 비전의 실천

성심당은 선대 임길순의 나눔의 정신을 계속 이어가고 있었지만 제대로 가고 있는지, 잘하고 있는지 확신이 들지 않았다. 갖은 어려움과 재정난을 겪으며 영진은 심각하게 은퇴를 고민할 정도로 마음고생이 심했다.

그 캄캄하던 터널 속에서 부부는 필리핀의 포콜라레 새인류학교에서 'EoC(Economy of Communion)_모두를 위한 경제'를 만났다. EoC는 기업이 경영을 통해 공동선을 실현할 수 있다고 믿으며 이를 실천하는 경제 개념이다. 이 개념을 접한 부부는 마치 밭에서 보물을 발견한 것처럼 기뻤다. 뿌리는 가톨릭 신앙에 깊게 닿아 있지만 종교를 초월하여 구체적인 사회 문제를 붙들고 씨름하는 실천적인 프로젝트였다. 불평등한 사회의 구조를 변화시키려는 EoC는 영진의 머릿속에서 자연스럽게 아버지의 무조건적인 나눔과 연결되었다. 성심당의 나눔의 전통에 든든한 이론적 토대가 접목되기 시작한 것이다.

필리핀에서 돌아온 부부는 곧바로 사업 현장에 EoC를 도입하기 시작했다. 제일 먼저 한 일은 그 당시 직원 한 명의 월급에 준하는 100만 원을 가난한 사람을 위한 EoC 기금으로 내어주는 것이었다. 1999년은 IMF 외환위기가 터진 지 2년도 채 안 되던 시기로 사회 전체가 구조조정으로 몸살을 앓고 있었다. 기업들은 회사를 살린다는 명분으로 인건비부터 손을 댔다. 명예퇴직과 정리해고가 범람했고, 그 결과 가정이 파괴되고 노숙자가 폭증했다. 경영난에 빠진 성심당도 전문가들에게 조언을 구했다. 전문가들은 직원 수와 제품 수가 너무 많아서 비효율적이라고 지적했다. 해결책은 간단했다. 인건비를 줄이고 제품의 종류를 단순화하라는 것이었다. 그러나 부부는 이 조언을 따르지 않았다. 오히려 사람을 쳐내는 구조조정 대신 매출을 더 올리는 쪽으로 방향을 잡았다.

물론 성심당도 넉넉한 형편이 아니었다. 매출은 계속 줄고 있었다. 게다가 이미 상당한 양의 빵을 기부하고 있었다. 그러나 영진과 미진은 필리핀에서 배운 대로 실천하기로 했다. 한 명분의 인건비는 성심당이 추구하는 EoC의 신호탄이었다.

부부는 이탈리아에 있는 끼아라 루빅에게 직접 편지를 썼다. 포콜라레 정신을 좇아 빵을 통해 보편적인 형제애와 이타주의적 삶을 실천하고자 하니, 이에 마땅한 회사의 비전을 제시해 주기 바란다는 내용이었다. 끼아라 루빅에게서 바로 답장이 왔다. 그는 '모든 이가 다 좋게 여기는 일을 하도록 하십시오'라는 성경 구절을 보내 주었다. 부부는 이 구절을 회사의 사훈으로 정하고 직원들에게 발표했다. 흔히 서비스업에서 '모든 이'는 손님으로 치환되는 경우가 많았지만, 부부는 '모든 이'가 남녀노소는 물론 부자와 가난한 자, 손님과 직원, 거래처와 협력업체, 심지어 경쟁업체와 퇴사 후 개인 창업자까지 포함한다는 사실을 분명히 밝혔다. 이 모두에게 형제애를 실천하는 것을 성심당의 경영이념으로 선포한 것이다.

2001년 9월, 성심당은 개인사업자에서 벗어나 주식회사 '로쏘(ROSSO)'라는 이름으로 법인 전환했다. 회사 정관에도 성심당이 EoC 기업임을 명시했다.

또 투명한 경영을 위해 매출을 전 직원에게 공개했다. 그러나 초기에는 어려움이 적지 않았다. 매장에는 손님이 북적였지만 막상 정산을 하면 적자인 경우가 많았다. 직원들 월급을 지급하고 나면 회사 통장은 늘 텅텅 비어 있었다. 영진과 미진은 월급을 제대로 못 받아 간 적도 있었다.

하지만 영진은 법인으로 전환한 뒤 '100% 정직한 납세'를 법인사업자의 첫 번째 덕목으로 여기고 철저하게 지켜 나갔다. 이미 50억 원 상당의 빚을 갖고 있어서 경영은 어려웠고, 심지어 세금을 내기 위해 추가 대출을 받는 상황도 벌어졌다. 그때 간부급 직원들이 EoC가 시기상조라고 주장한 것은 어쩌면 당연한 일이었다. 그러나 영진은 흔들리지 않았다. 세금이야말로 사업자가 할 수 있는 가장 기본적이고 공적인 나눔이라고 믿었다. 그 세금이 사회기반을 만들고 복지에 사용되니 틀린 생각은 아니었다. 성심당은 그 성실성을 높게 평가 받아 2011년 여름, 국세청이 처음 제정한 '제1회 아름다운 납세자상' 대상을 수상했다.

직원에 대한 EoC 실천 계획도 세웠다. 회사에 수익이 발생하면 그중 15%는 무조건 인센티브로 직원에게 돌려주었다. 법인 전환 후 한동안은 수익이 나지 않아 실천을 못했지만 경영이 정상화되면서 분기별로 수익을 직원들과 나누고 있다. 아울러 인센티브의 20%에 해당하는 금액을 EoC 기금으로 내고 있다. 이 기금은 로마 본부로 전달되어 세계의 어려운 이웃을 위해 사용되고 있다.

영진은 경영뿐 아니라 빵을 만드는 모든 과정에서도 EoC의 관점을 적용하려고 애썼다. 성심당 내부 직원들은 물론 함께 일하는 외부 고객도 행복해야 했다. 되도록이면 친환경 영농법으로 키운 대전 인근 지역의 식재료를 쓰려고 노력하고 환경 문제를 고려해 과대포장도 크게 줄였다. 성심당의 혁신 아이콘이었던 포장빙수도 오랫동안 쓰던 스티로폼 대신 친환경 종이포장으로 바꿨다.

사업의 결과 이상으로 그 진행 과정도 중요하다는 것이

EoC의 기본 정신이다. 따라서 수익을 많이 남겨 후원을 많이 하는 것보다 사업 과정에서 사랑과 나눔의 정신을 실천하는 것을 더 중요하게 여겼다.

화재가 준 선물

영진과 미진 부부가 필리핀에 다녀온 뒤 성심당은 많은 부분에서 변화가 일어났다. 그러나 필리핀에 다녀온 사람은 그들 뿐이었다. 부부는 새로운 신념과 비전에 몰입하며 다양한 혁신을 도모했지만, 이를 받아들이는 직원들은 처음 마주하는 낯선 환경이 그저 반갑지만은 않았다. 물론 포콜라레와 EoC의 이야기를 영진과 미진에게 틈날 때마다 들었지만, 그저 듣는 것과 그것이 가슴에 와 닿는 것은 또 다른 문제였다. 영진과 미진도 그 부분에서 아쉬움과 갈증이 적지 않았다. 많은 이야기를 나눴다고 생각했지만 결국 서로 다른 생각을 하고 있어서 소통의 어려움을 느낄 때가 많았다.

그런 상황은 4년 넘게 지속됐다. 그러던 중에 성심당에 불이 난 것이다. 그런데 성심당의 공장을 전소시키고 매장 일부를 태운 화재는 동시에 관행으로 굳어 있던 문화까지 태우는 뜻밖의 효과를 가져왔다. 화재를 거치며 성심당 임직원은 글자 그대로 '가족'이 되었다. 단순히 업무 시간 동안 작업장을 공유하는 동료가 아니라 생사고락을 같이 하는 운명공동체라는 생각이 이들을 하나로 만들었다. 그것은 엄청난 발견이었고, 지난 몇 년간 회사에 뿌린 새로운 씨앗들이 열매를 맺는 현장이기도 했다.

성심당은 화재 이후 잇따른 소송으로 재정이 어려울 때에도 월급 한 번 밀리지 않았고, 직원 감축을 말하는 컨설턴트의 제안에도 흔들림 없이 직원 복지를 보완해 나갔다. 화재가 일어나기 전과 후의 성심당은 완전히 달라졌다. 포콜라레 정신에 기반을 둔 회사의 비전은 화재 이후 전사적으로 적용되기 시작했다. 직원들이 똘똘 뭉쳐 있었기에 비전의 공유도 매우 효과적으로 이뤄졌다. 비전을 고민하면서 탄생한 매장 인테리어를 작업할 때에는 모든 직원이 달라붙었고, 예전보다 푸짐해진 반죽을 빚으면서도 그 이유를 제빵사들이 깊이 공감하고 있었다. 새롭게 시작하는 성심당은 새로운 옷을 입고 있었다. 화재 후 복구 과정은 어떤 면에서 거대한 비전 교육장이었다.

살아나는 성심당, 살아나는 원도심

화재 뒤에 맞이한 2006년은 성심당이 문을 연 지 50주년이 되던 해였다. 영진과 미진 부부는 공장 화재라는 큰 위기를 이겨내고 창업 50주년을 무사히 맞이했다는 사실 하나만으로도 감사했다. 위기를 극복하기까지, 그 힘겨운 과정을 지켜보며 응원해 준 대전 시민의 힘이 가장 컸다. 부부는 이 마음을 담아 성심당의 50주년 슬로건을 '함께한 50년, 함께할 50년'이라고 지었다.

대전 시민과 기쁨을 함께 나누고 싶었던 성심당은 시민과 함께 먹을 대형 케이크를 제작했다. 10미터 길이에 높이 60센티미터로 제작된 대형 축하 케이크를 맛보려고 대전 시민 2,000여 명이 몰려들었다. 100미터가 넘게 줄이 이어졌다. 성심당은 또 50주년을 기념하며 특별 신상품 '대전부르스 떡'을 내놓았다. 대전부르스 떡은 성심당과 대전의 50년 인연을 상징하는 제품으로 지금도 당당하게 매대 가장 중앙 자리를 지키고 있다.

성심당에게 2006년은 전혀 다른 느낌으로 다가왔다. 새로운 시작, 새로운 창업 분위기가 형성되며 회사 전체에 활력이 살아났다. 2005년의 화재는 어느새 옛날이야기가 됐다. 안팎으로 성심당의 발목을 잡던 일들도 자연스럽게 사라졌다.

대전 원도심에도 큰 변화가 생기기 시작했다. 2006년 3월, 드디어 대전에도 지하철이 개통되었다. 중앙로와 대전역 등 원도심 지역으로 지하철이 연결되면서 시민의 발걸음도 상당한 수준으로 회복되기 시작했다. 게다가 2007년 여름에는 성심당을 포함한 중앙로 주요 교차로에 횡단보도가 설치되면서 성심당 앞을 지나가는 유동인구 숫자도 크게 늘어났다.

그뿐만이 아니었다. 대전광역시는 2000년대 중반부터 원도심 활성화를 위한 계획과 사업을 본격 추진했다. 다양한 테마 거리가 조성됐고 골목 재생 사업도 꾸준히 펼쳤다. 덕분에 저마다의 특색을 갖춘 다양한 거리들이 원도심 골목골목에 자리를 잡았다. 다시 활기를 띠는 원도심에 2005년의 화재를 이겨내고 새롭게 출발한 성심당은 퍽 잘 어울리는 조합이었다. 그저 오래된 빵집, 튀김소보로와 판타롱부추빵으로 유명한 빵집 정도가 아니라 이제 성심당은 '위기를 극복하고 부활에 성공한 극적인 스토리'를 갖고 있는 빵집으로 인식되기 시작했다.

EoC(Economy of Communion)_
모두를 위한 경제

포콜라레에서 시작된 'Economy of Communion(EoC)'은 하버드 대학교의 레시그 교수가 주장한 '공유경제(Sharing Economy)'와는 다른 개념이다. 공유경제는 일종의 협동 소비 시스템으로 소유의 개념에서 벗어나 자원을 공유하고 활용하는 사업을 가리킨다. 이와 비교해 EoC는 개인을 넘어 기업과 산업의 영역에서 더 높은 차원의 재화의 공유를 실천하는 것을 의미한다. 포콜라레 운동을 창시한 끼아라 루빅은 개인의 신앙과 너그러운 마음에만 의존하는 기부나 선행만으로는 구조적인 불평등을 해결할 수 없다고 생각했다. 자본주의의 핵심을 바꾸기 위해선 기업이 바뀌어야 하고, 그 기업을 운영하는 기업가의 생각이 바뀌어야 한다고 믿었다. 때문에 그는 기업가 중에서도 정직하게 기업을 운영하는 사람들, 세금을 정직하게 내고 독점을 추구하지 않는 기업가들에게 새로운 사회 미션을 제시했다.

"이제 우리는 더 높은 차원에서 재화의 공유를 실천해야 합니다. 우리의 이상을 함께 공유하는 사람들이 운영하는 기업체와 산업체가 벌어들이는 수익금 가운데 사업체를 유지하고 발전시키는 데 필요한 자금은 회사에 유보하고 나머지는 전부 공동으로 모아 가난한 사람들을 위해 쓸 수 있도록 합시다."

EoC는 시장경제 안에서 이윤이 아니라 인간을 우선시하면서도 기업경영이 가능하다는 것을 증명한다. 우리의 '두레'나 '품앗이'와도 유사하다. EoC는 비정부기구를 설립하거나 빈민구제를 목적으로 하는 재단이 아니라 공동선을 추구하는 사람들이 중심에 있다. EoC는 기업을 구성하는 기업가, 노동자, 고객, 거래처는 물론 같은 업종의 경쟁상대에게까지 이해타산 없는 태도로 연대성을 지니며, 가난한 사람들에게 이윤의 일부를 제공하지만 결코 이들을 수혜자로 여기지 않는다. 끼아라 루빅은 EoC 기업의 이윤을 세 부분으로 나누어, 그중 한 부분은 가난한 이들을 돕기 위해 사용하도록 제안했다.

가난한 사람과의 관계를 단순한 자선사업이 아니라 서로 존중하며 신뢰를 쌓은 이웃과의 관계로 여기는 것이 EoC의 핵심이다. 이익의 다른 한 부분은 새로운 사고방식을 가진 사람들의 양성을 위해 사용한다. 어떤 프로젝트도 정신적이고 문화적인 뿌리가 없다면 확산될 수 없기 때문이다. 그리고 마지막 부분은 기업의 성장을 위해 사용한다.

끼아라는 EoC 기업을 제안할 때 분리된 각각 기업의 모임이 아니라 기업들의 관계가 형성될 수 있는 산업단지를 생각했다. 이 산업단지는 다시 전 세계에 퍼져 있는 기업들의 연결고리가 되고, 모델이 될 것이다. 1991년 브라질 상파울루에서 시작된 EoC는 이탈리아와 독일, 아르헨티나 등에도 빠르게 확산되며 자연스럽게 글로벌 네트워크로 성장했다. 글로벌 네트워크는 지역 내 재화의 재분배뿐만 아니라 지역간의 재분배도 가능하게 만들었다. 서유럽과 아메리카 대륙에서 들어오는 기부는 개발도상국과 동유럽, 그리고 아프리카의 어려운 나라에 흘러들었다. 아직 큰 규모는 아니지만 부유한 곳에서 가난한 곳으로 흘러가는 EoC의 자금 흐름의 원칙은 자리를 잡아가고 있다. 아울러 사업체 차원에서 재화의 공유에 참여하면서 지역 공공 경제 시스템에도 변화가 일어났다. 개인만으로는 무력했던 불평등 구조는 기업이 참여하면서 변화의 조짐이 나타났다.

EoC 설립 25주년인 2016년도의 조사에 따르면, EoC 정신을 가치 있게 여기며 살아가고 있는 기업들은 전 세계 811개이다. 이 중 이탈리아 기업이 263개, 유럽 200개, 라틴아메리카 220개, 아프리카 84개, 북미 26개, 아시아 18개이다. 이들 기업은 정치, 경제 이념에서 벗어나 제3의 가치를 추구한다. EoC 기업가들은 기업을 공동선을 추구하는 하나의 도구로 생각한다. 생산하고 소득을 취하면 끝이 아니라 그 소득을 공동선을 위하여 사용하며 경제 활동을 통해서도 인간이 인간다워질 수 있다고 믿는다. 경제 활동 자체가 사람과 사람 사이에 나눔과 친교의 통로가 될 수 있다고 생각한다. 학술적인 연구도 뒷받침되고 있다. 현재까지

2016년 5월 국회도서관에서 열린 시민경제학과 EoC의 권위자이자 이탈리아의 석학 루이지노 부르니(Luigino Bruni) 교수의 강연. 그는 한국 기업을 향한 EoC의 기본 메시지를 전하고, 성심당을 대기업 중심의 한국 경제 구조를 바꿀 수 있는 새로운 대안으로 높이 평가했다.

500여 개의 학술논문이 발표됐고, 1,000회에 이르는 학술대회가 개최됐다. 2016년에는 전 세계에 EoC 국제 인큐베이팅 네트워크를 구축했다. EoC 기업에 대한 연구들도 이어지고 있다. 아눅 그레빈(Anouk Grevin)의 '기업의 기부문화에 대한 조사'(2022)와 A. 구스타프슨(A. Gustafson) 등이 집필한 '비즈니스에서 신념찾기-EoC의 비전'(2022) 같은 것들이 최신 연구들이다.
www.eockorea.com

Quando sono entrato in SUNG SIM DANG
ho sentito l'impressione di stare entrando
in una cattedrale. Voi celebrate la
vita e Dio con il lavoro e con la
Communione.
Grazie per il dono de arte per la
Korea, per Tutta l'EoC, e per i poveri.
Luigino Bru. 21.5.16

루이지노 브루니 교수에 이어
지역 사회와 경제에 기여하며
공동선을 추구하는 한국의
대표 기업 사례로 성심당의
김미진 이사가 발표를 하였다.
강연 다음 날 루이지노 교수는
대전에 방문하여 성심당을
둘러보고, 친필편지를 남겼다.

"EoC의 첫 번째 메시지는 기업이 공동선을 위해
존재한다는 것입니다. 경제가 누군가를 착취하는 사악한
구조여서는 안 됩니다. 경제는 공동체의 공익을 위한
활동이어야 합니다. 두 번째 메시지는 가난이란 것 자체가
커다란 자원이 될 수 있다는 것입니다. 가난한 변방에서
새로운 경제가 태어날 수 있습니다. 이때 가난한 사람들이
경제의 주역이 될 것입니다. 세 번째 메시지는 젊은이들의
역할이 중요하다는 것입니다. 젊은이들이 행복한 경제를
만들어야 합니다. 외부에서 찾아오는 손님들을 환대해야
합니다. 그들이 기업에서 일하고 배울 수 있게 해야 합니다.
그래야 공동체가 튼튼해집니다."

성심당은 EoC기업으로서
현시대 기업의 역할을 다하고,
EoC 경제 철학을 널리
알리는 데 꾸준히 힘쓰고 있다.
2022년에는 대전에서 EoC
엑스포가 열렸으며, 2024년
EoC 국제포럼에서도 성심당의
사례가 소개되었다.

무지개 프로젝트

2007년 1월 1일, 대흥동성당에서 신년 미사를 드리고 나오던 영진과 미진 부부는 누가 먼저랄 것도 없이 성심당의 새비전을 이야기하기 시작했다. 화재 복구 이후 구체적이고 더섬세한 실천 방안을 모색하던 부부는 'EoC 기업의 경영방침'에 입각해 '무지개 프로젝트'를 기획했다. 일곱 색깔 무지개는 저마다의 개성을 존중하면서도 완전한 조화를 이루는새로운 비전의 상징이었다.

모든 분야가 저마다의 특징을 가지면서도 서로 조화를이루는 회사를 만들고 싶었다. 부부는 둑이 터진 물처럼 아이디어를 쏟아내며 하나하나 다채로운 색깔을 완성해 나갔다.

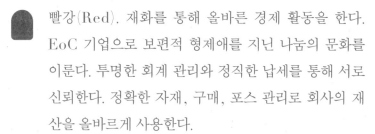

빨강(Red). 재화를 통해 올바른 경제 활동을 한다. EoC 기업으로 보편적 형제애를 지닌 나눔의 문화를이룬다. 투명한 회계 관리와 정직한 납세를 통해 서로신뢰한다. 정확한 자재, 구매, 포스 관리로 회사의 재산을 올바르게 사용한다.

성심당의 법인명은 이탈리아어로 빨강을 뜻하는 '로쏘

(ROSSO)'다. 사업을 하는 영리 법인답게 재화에 대한 태도를 제일 먼저 밝히고 있다. 투명, 납세, 정확한 회계, 나눔 등 EoC 기업임을 문자로 명시하고 있다는 점도 눈여겨봐야 할 대목이다. 성심당은 예산과 자원, 그리고 인력 운영에서 모두 투명성과 정직성을 최우선으로 내세우고 있다. 거래와 관련된 성심당 직원들의 직업 윤리도 이 색깔에서 비롯된다. 양질의 제품을 적정 가격에 거래해야 하는 당위도 이 색깔에서 찾을 수 있다.

주황(Orange). 우리는 성심인이다 – 성심인의 정체성. 모든 이가 다 좋게 여기는 일을 하도록 한다. 서로 사랑하며 사랑의 문화를 확산시킨다. 지역사회에 봉사하며 가치 있는 기업이 된다.

주황은 성심당의 정체성과 비전을 나타내는 색깔이다. 성심당의 존재 의의는 매출이 아니라 가치를 실현하는 데 있다는 선언이다. 성심당이 특히 중요하게 여기는 부분은 바로 직원들이 갖는 '자부심'이다. 스스로 '성심인'이라고 생각하는 자부심은 급여와 복지만으로는 만들어질 수 없다. 그래서 성심당은 그 어떤 기업보다 직원들에게 사훈을 강조한다. 참고로 성심당 직원들이 2016년 시무식 때 했던 선서는 "하나, 우리는 서로 사랑한다. 하나, 우리는 사랑의 문화를 이룬다. 하나, 우리는 가치 있는 기업이 된다."였다.

노랑(Yellow). 나라의 법규와 회사의 규정을 지킨다. 기업 경영에 관련된 책임과 정직성을 지닌다. 회사 정관에 따른 사내 규정을 지킨다. 나라의 법규를 지킨다(식품위생법, 소방법, 근로기준법, 도로교통법 등).

노랑은 준법을 상징한다. 식품서비스 기업으로서 성심당이 지켜야 할 다양한 법을 나열하고 어긋남이 없도록 하겠다고 다짐한다. 회사 경영진이 법률을 엄격하게 준수하는 만큼 직원들은 회사가 정한 사규를 지킬 의무를 갖는다. 성심당의 직업 윤리는 이처럼 윗물의 솔선수범에서 출발해 아랫물의 자발적인 준수로 흘러가게끔 설계되어 있다.

초록(Green). 정직한 재료와 환경보호로 인간의 존엄성을 지킨다. 로컬 푸드를 이용하여 지역 경제와 환경 보호에 참여한다. 친환경 포장재를 사용하고 일회용품 최소화로 쓰레기를 줄인다. 성심인의 친교를 위한 연 1회 한가족캠프를 진행한다. 직원들의 건강을 위해 휴식시간과 맛있는 식사를 준비한다.

초록은 자연에 대한 성심당의 책임 윤리를 표상한다. 식품사업은 부득이하게 생물에게서 재료를 얻을 수밖에 없다. 그 과정에서도 높은 수준의 윤리를 지키겠다고 성심당은 선언한다. 정직하고 건강한 식자재를 쓰고 가능한 지역 농산물과 제철 농산물을 재료로 사용한다. 서비스 과정에도 초록의 신념을 적용해 포장재를 혁신하고 쓰레기를 줄이려는 노력을 기울인다. 성심당은 직원 식당도 매장과 같은 수준으로 식재료와 서비스를 관리하고 있으며, 휴식과 친교에 관심을 기울인다.

파랑(Blue). 조화롭고 아름다운 환경을 만들어 간다. 성심인의 미소는 성심당의 유니폼이다. 아름답고 조화로운 매장에서 따뜻한 가정의 분위기를 이룬다. 정리정돈을 통해 쾌적한 작업 환경을 이룬다.

파랑은 직원과 직원, 직원과 손님이 만나는 공간의 목표를 가리킨다. 화재 이후 성심당은 손님은 물론 직원, 거래처 등 '모든 이'를 위한 공간으로 재탄생했다. '조화'와 '가정'을 앞세우고 가난한 사람이 주눅 들지 않고 부자도 초라하게 느끼지 않는 따뜻한 분위기로 다

가가고자 했다. 여기에는 직원들이 사용하는 공간도
포함된다. 성심당의 유니폼은 바로 직원들의 미소라고
정의함으로써 공간을 완성하는 마지막 변수가 사람에
게 있음을 환기시켰다.

남색(Navy). 모두가 모두를 위해 – 자신의 분야에서
전문가가 된다. 자신의 직무에 있어 전문가가 되기 위
해 공부한다. 자신의 능력이 동료와 후배, 회사에 도움
이 되도록 한다. 국내외 연수, 세미나, 벤치마킹을 통
해 아이디어와 창의성을 키운다.

남색은 직원의 자기 계발을 적극 지원하겠다는 다짐
이다. 성심당의 기본인 제빵기술부터 외국어 교육에
이르기까지 직원들이 계획을 세워 신청하면 회사가
지원한다. 세계적인 전문가를 초청해 사내 세미나를
열기도 하고 직원들이 외부 경진대회에 참여하는 것
도 격려한다.

2006년부터는 성심당이 회사 차원에서 직접 능력 개
발에 나섰다. '아임베이커(I'm Baker)'라는 타이틀
을 내걸고 사내 경진대회를 매년 개최하고 있다. 베테
랑 제빵사와 신참 제빵사 그리고 지원부서 직원들이
한 조를 이뤄 신제품을 개발하고 심사위원과 동료들

의 품평을 받는다. 2011년부터는 외식사업부 요리사들을 대상으로 하는 '아임셰프(I'm Chef)' 대회도 개최하고 있다. 이 대회에서 좋은 평가를 받은 제품과 메뉴는 실제 상품으로 매장에 진열되고 또 정식 메뉴에 포함된다. 성심당의 제빵사들과 요리사들은 이 행사에서 경쟁도 하지만 결속도 다진다. 직원간, 부서간 소통도 획기적으로 발전한다. 그리고 대회의 마지막은 항상 모두가 즐기는 축제로 마무리된다.

보라(Violet). 한가족으로 생각의 일치와 공유를 이룬다. 한가족신문을 통해 회사와 동료의 소식을 공유하며 소통한다. 눈 맞으면 인사하고 존칭어를 사용한다. SNS를 활용하여 빠르게 소통하며 한가족이 되어간다.

보라는 성심당의 소통하는 조직 문화를 의미한다. 성심당은 '일치와 소통'을 가장 중요한 가치로 삼는다. 2008년부터 성심당은 매주 '한가족 신문'을 발행하며 하나의 메시지를 공유하려고 애쓰고 있다. 직급에 상관 없이 존칭을 사용하는 문화도 정착시켰다. 또 직원들의 소셜미디어 사용을 적극 권장하여 내부 소통뿐만 아니라 외부에도 성심당의 조직 문화를 널리 알리고자 했다. 성심당 조직 문화에 자신감을 갖는 것은 물론 변화된 매체 환경에 능동적으로 대처하려는 의도이다.

2007년에 채택된 무지개 프로젝트는 매년 한 가지 색깔을 지정하거나 심화 목표를 제시하는 등 근무 환경에 구체화하고 있다. 예를 들어 2014년에는 남색을 지정해 직원들의 역량 향상에 회사의 재원을 집중 투자했고, 2015년에는 '사랑으로 무지개를 띄우는 해'라는 심화 목표를 제정하고 성심당 조직 안에 일치와 사랑의 문화를 키우는 데 회사의 역량을 집중했다. 특히 2015년에는 '사랑의 챔피언'이라는 제도를 만들어 회사에서 구체적인 사랑을 실천한 사례를 모아 책으로 내고, 그중에서도 모범을 보인 직원에게 '특진' 같은 혜택도 부여했다. 동료 간의 사랑은 인사 고과의 40%를 차지한다. 성심당은 매주 직원들이 실천한 사랑의 사례도 한가족 신문에 싣고 있다.

무지개 프로젝트는 1999년 영진과 미진 부부가 포콜라레 정신을 회사 경영에 적용한 지 7년만에 탄생했다. 내용은 부부가 머리를 맞대고 30분 만에 뚝딱 만들어 냈지만, 무지개 프로젝트가 있기까지 7년이란 숙성 기간이 필요했던 셈이다. 무지개 프로젝트는 '모든 이가 다 좋게 여기는 일을 하

성심당의 사내 경진대회 '아임베이커'와 '아임셰프'는 직원 개개인의 능력 개발을 위한 축제이며,
준비 과정에서 결과까지 직원 모두를 위한 대회다. 수상자에게는 해외 연수의 기회를 제공한다. 선의의
경쟁으로 업무 능력을 향상시키고, 좋은 평가를 받은 메뉴는 정식 메뉴에 올려 성취감을 부여하며,
대회 동안 함께 애쓴 동료들과의 결속을 다지는 무지개 프로젝트(남색, Navy)의 일환이다.

도록 하십시오'라는 성심당의 경영이념을 압축적이고도 직관적으로 표현한 것이다. 성심당의 무지개는 하나의 신념 아래에서 모든 분야가 조화와 일치를 이뤄낼 수 있다는 상징으로 자리 잡았다.

한가족 프로젝트

앞에서 거듭 밝혔지만, 성심당이 무엇보다 중요하게 생각하는 것은 임직원 모두가 '한가족'이라는 일치감이다. 2005년 화재는 성심당의 존폐를 위협하는 엄청난 재난이었지만 결과적으로는 새로운 도약의 기회가 되었다. 직원들은 화재를 계기로 단단하게 결속했다. 영진과 미진은 직원들이 스스로 발견한 '가족'이란 정서를 놓쳐서는 안 된다고 생각했다. 무지개 프로젝트 파랑과 보라에 가정, 가족이란 단어가 있는 것도 그런 이유에서였다.

그런데 한가족이란 정서를 단순히 관념이 아니라 실제 근무 환경에서 느끼게 하려면 어떻게 해야 할까? 영진은 매체가 필요하다고 생각했다. 경영자가 회사의 주요 정책은 결정하지만 직원들의 마음까지 움직일 수는 없었다. 대표가 무슨 생각을 하고 있고, 회사가 어떻게 돌아가고 있는지, 또 직원들은 어디서 어떻게 일하고 있는지 공유할 필요가 있었다.

매주 50~60페이지 분량으로 만들어지는 '한가족 신문'은 그렇게 창간됐다. 이 신문은 한 주간에 일어난 성심당의 모든 이야기와 정보가 담긴다. 회사의 뉴스부터 각 부서와 지점의 이야기가 상세하게 올라온다. 내용도 매우 다채롭다. 중요한 업무 정보부터 사무실과 매장에서 일어난 소소한 에피소드, 그리고 직원들의 답사와 체험기 등이 빼곡하게 지면을 채운다.

이 신문은 오로지 내부 직원을 위해 발행된다. 외부인을 의식한 치장이나 과장은 어디에도 없다. 신문의 기사도 100% 직원들이 만든다. 부서별, 매장별로 직원들이 누구나 자유롭게 기사를 올리면 홍보부서가 1주일간의 소식을 취합한다. 신문은 종이 소비를 줄이기 위해 디지털 파일 형태로 전 직원에게 공유한다. 그리고 직원 식당 내 휴게실에 모든 직원이 볼 수 있도록 비치해 둔다. 한가족 신문은 2024년 6월 현재, 853호까지 발행되었다.

성심당은 직원들의 가정이나 숙소를 방문하는 '한가족 프로젝트'도 진행하고 있다. 특정인을 지정하여 의무로 방문하는 게 아니라 누구든 자유롭게 초대할 수 있다. 함께 식사를 나누고 질문을 주고받으며 이야기하다 보면 어느새 그 직원이 성심당에 오기까지 살아온 인생을 이해할 수 있다. 한 가족 프로젝트는 함께 일하는 사람들 간에 친밀감을 형성하고, 한가족으로서 서로에게 다가가는 계기가 된다. 팀장과 임직원들에게 이 시간은 직원을 깊이 이해하는 시간이자, 적절한 업무를 부여하고 쾌적한 근무 환경을 조성하는 중요한 자료이기도 하다.

성심당은 1년에 한 차례, 전 직원이 함께하는 '한가족 캠프'도 개최한다. 한가족 캠프는 성심당 대가족이 한자리에 모여 친교와 사랑을 쌓는 날이다. 전직원이 참가하는 캠프를 진행하려면 성심당을 찾는 손님들에게 양해를 구해야 하고 하루 매출을 포기하는 것은 물론 855명의 정직원과 프로그램을 위한 막대한 경비를 감수해야 한다. 그러나 성심당 경영진은 이 캠프를 포기하지 않는다. 경제 손실이나 매출보다 더 중요한 회사의 자산이 무엇인지 지난 시간을 통해 배워왔기 때문이다. 직원 모두가 회사의 비전과 한가족 정서를 공유할 수 있다면 하루 매출도, 막대한 경비와 고된 캠프 준비도 충분히 감수할 수 있다는 게 성심당 경영진의 생각이다.

문화는 저절로 만들어지는 법이 없다. 기업 문화 역시 오랜 시간을 거쳐 축적된 산물로, 구성원들의 마음과 태도에 공통된 철학과 가치관이 내면화되었을 때 비로소 효력을 발휘한다. 포콜라레 정신을 사업 현장에 실현시키려는 부부의 열정과 노력은 시간을 거치며 향기롭게 숙성되었다. 성심당 구성원들은 이 문화를 중심으로 한가족으로 결속했고, 그 영향력도 자연스럽게 성심당 울타리를 넘어 이웃들에게 알려지기 시작했다. 직원들에게는 삶을 같이 나눌 가족 공동체로, 대전 시민에게는 지역 사회에 꼭 필요한 빵집으로 마음속 깊이 자리잡은 것이다.

성심당의
가족경영

'한가족'은 성심당의 경영 방식을 한마디로 압축하는 단어다. 가족이라는 일치감을 통해 서로를 이해하고 배려하며 사랑하는 일이야말로 성심당 직원들이 해야 할 가장 큰 임무다. 1년에 하루, 성심당이 전 직원들과 함께 '한가족 캠프'를 여는 까닭도 여기에 있다. '한가족 캠프'에는 빵을 다루는 제과사업부에 속하는 본점과 케익부띠끄, 롯데백화점 지점과 대전역점, DCC점 외에도 플라잉팬, 오븐스토리, 삐아또, 테라스키친, 우동야가 속한 외식사업부 그리고 마케팅부터 성심당 안살림까지 모두 책임지는 경영혁신본부와 성심당 문화원, HACCP 직원들까지

855명의 정직원이 모두 한자리에 모인다. 프로그램은 캠프 한 달 전부터 시작되는데, 경영진은 각기 다른 부서의 직원들도 서로 다양하게 만날 수 있도록 조를 편성하는 것까지만 개입한다. 그 다음은 조별로 알아서 캠프 워크숍을 준비한다. 회사는 거기에 필요한 경비 일체를 지원한다. 이 캠프는 오롯이 직원들이 주인공이다. 경영자가 나와서 연설하고, 직급별로 무대에 올라 노래 부르는 풍경을 한가족 캠프에서는 볼 수 없다. 모든 팀, 모든 직원이 예외 없이 무대에 오르고 서로 주목한다. 이 캠프에서 비로소 성심당이 한가족이란 사실을 구호가 아닌 몸으로 체험하는 것이다.

1주일에 한 번씩 발행하는
'한가족 신문'은 오직 직원들을
위해, 직원들이 직접 참여하여
만든다. 회사의 공지사항과
업무에 대한 정보 교환은 물론
각 지점의 소식들을 들을 수
있다. 무엇보다 한가족 신문을
발행하며 직원들은 성심당의
경영이념을 마음에 새기고,
한가족 정서를 공유한다.
다양한 코너로 나눔, 에코 등을
직접 실천하고 공유하는가
하면, '한가족 사랑나누기'로
서로 감사의 마음을 나누기도
한다. 휴일에 무엇을 하고
쉬었는지, 해외 연수에서 무엇을
배우고 느꼈는지, 성심당에
남몰래 선행과 사랑을 실천하는
'사랑의 챔피언'은 누가 있는지,
소소한 이야기와 평소의 감정,
생각들을 자유롭게 발화하고
나눌 수 있는 장이다.

1956년 대흥동성당의 오기선
신부가 건넨 밀가루 두 포대로
시작한 성심당은 2016년
60주년을 맞았다. 2016년
1월 4일, 성심당은 직원과
가족 350여 명이 참석한
가운데 '비전 60'을 선포하며
비전선포식을 가졌다. 이날
발표한 비전의 내용은
다음과 같다.
'우리는 서로 사랑한다. 우리는
사랑의 문화를 이룬다. 우리는
가치 있는 기업이 된다'
매출과 사업 확장이 아니라 서로
사랑하는 회사로 거듭나자는

내용이었다. 이어지는
프로그램도 다른 기업과는
다른 이색적인 내용으로
채워졌다. 15년 이상 근무자에게
수여하는 장기근속상, 회사
내에서 남몰래 사랑과 선행을
실천하는 사람에게 수여하는
'사랑의 챔피언' 시상식을
거행하며 상금과 승진 혜택을
제공한 것이다. 시상식에
참여한 수상자의 발표에 직원
모두가 눈물과 박수를 아끼지
않았다. 직원들에게 성심당은
따뜻한 '우리 회사'이자 소중한
삶의 일부였다.

6

대전의 자부심

재기에 성공한 성심당의 새로운
도전이 연일 놀라운 성과를 거두자
서울뿐 아니라 중국 등 각지에서
러브콜이 이어졌다. 그러나 성심당은
대전의 빵집을 고집했다. 성심당
덕분에 사람들이 대전에 찾아오고,
그렇게 대전 경제에 조금이라도
보탬이 되는 것이 대전 시민에게 진
빚을 갚는 길이라 생각했기 때문이다.
오랫동안 시민들에게 사랑받는 빵집,
대전의 자부심으로 남고 싶었다.

하부구조, 즉 인프라가 주는 효용은 생각보다 크다. 토양이
비옥해야 작물이 풍성하게 자랄 수 있듯이 하부구조가 튼
튼해야 성장의 질과 규모가 달라진다. 스포츠 선수에 빗대
면 기본기나 기초 체력에 해당한다고 볼 수 있다. 성심당은
1990년대 중반부터 2000년대 중반까지 안팎의 어려움을
견뎌내는 동안 잔기술로 위기를 넘기는 대신 기본기를 다지
는 쪽을 택했다. 어려운 형편을 핑계 대고 현실과 타협할 수
도 있었지만 그렇게 하지 않았다. 외환위기의 여파로 힘겨웠
던 1999년에도 EoC 기금을 마련하는 등 지속적인 나눔을
실천했으며, 재정적으로 가장 어려운 시절에도 납세의 의무
를 철저히 지키며 기본을 다져나갔다.

　　이러한 과정을 거치며 성심당은 내부로는 신념, 외부로
는 신뢰라는 하부구조를 구축했다. 신념과 신뢰의 하부구조
는 이제 새로운 환경과 만나면서 화학 작용을 일으키고 있

었다. 지하철이 개통되고 횡단보도가 놓이는 등 주변 환경도 함께 변화하면서 성심당은 다시 성장하기 시작했다. 그리고 새로운 기운이 싹트는 2010년이 다가왔다.

제빵왕 임탁구

화재 수습 이후 성심당이 안팎에서 새로운 모습으로 한창 자리를 잡아가고 있던 2010년 6월, 뜻밖의 지원군이 등장했다. 제빵사의 열정과 사랑을 다룬 드라마 <제빵왕 김탁구>가 인기몰이를 시작한 것이다. 드라마의 인기는 처음부터 대단했다. 6월 9일 첫 회를 15.7%라는 준수한 시청률로 시작한 이 드라마는 6회만에 30%를 넘기고 17회에서는 40%를 돌파했으며, 9월 16일에 방영된 마지막 30회는 50.8%라는 경이로운 기록을 세웠다. 시청률만큼이나 사회 전반에 미친 효과도 엄청났다. 빵 소비가 급격히 증가하면서 전국 제과점의 매출이 동반 상승했고, 제과제빵을 배우고 싶다는 청년과 청소년이 줄을 이었다. 성심당의 매출도 덩달아 올랐다. 특히 단팥빵과 소보로, 크림빵의 매출은 드라마가 시작되면서 정확하게 두 배가 늘었다. 유럽 빵에 밀려났던 옛날 빵이 복고 물결과 함께 화려하게 귀환한 것이다.

덩달아 빵집에 대한 대중의 궁금증도 치솟았다. 가장 먼저 대전의 중도일보가 움직였다. 중도일보는 7월에 '제빵왕 임탁구'라는 제목으로 성심당 기사를 썼다. 드라마 시청률이 40%대를 한창 달릴 8월에는 중앙일보가 영진을 따로 취재해 토요일판 6면에 걸쳐 성심당 이야기를 실었다. 역경을 극복하고 열정과 혼신의 힘으로 빵을 만드는 작품 속 주인공의 이야기가 성심당의 히스토리와 닮아 있었다. 선대부터 시작된 나눔의 정신과 80년대의 혁신, 그리고 재정난과 화재까지 갖은 어려움을 극복하고 지역을 대표하는 빵집으로 굳건히 자리 잡은 성심당의 이야기가 전국으로 퍼져나갔다.

이를 기점으로 성심당에 인터뷰와 강의 요청이 빗발쳤다. 이듬해 2월, 테드 대전(TED×Daejeon)이 영진을 연사로 선택하며 성심당의 이야기에 주목했다. 행사가 열린 대전컨벤션센터는 발 디딜 틈도 없이 청중으로 가득 찼다. 네 번째 연사로 무대에 오른 영진은 선대에 찐빵집으로 시작한 이야기부터 튀김소보로와 포장빙수의 대히트, 2005년의 화재와 극복 과정, 그리고 한가족 프로젝트와 무지개 프로젝트를 차례로 소개했다. 그리고 마지막 포부와 당부도 잊지 않았다.

"성심당은 빵으로 지역에 봉사하는 로컬 기업이 되고 싶고, 빵으로 세상을 행복하게 변화시키고 싶습니다. 여러분도 각자의 자리에서 아름다운 세상 만들기에 동참하지 않으시 겠습니까?"

소셜미디어의 붐을 타고 성심당의 이야기도 대전을 벗 어나 전국으로, 세계로 퍼져 나갔다. 같은 해 5월에는 <미쉐 린 가이드(Michelin Guide)> 그린에 성심당의 이름이 등 장했다. 호텔과 음식점을 별표로 평가하는 '레드'와는 다르 게 주로 관광지를 소개하는 '그린' 매거진이었지만 대한민국 빵집으로는 최초였고, 그만큼 큰 관심을 받았다. 비밀주의를 엄수하는 <미쉐린 가이드>의 심사과정 때문에 업계 사람들 은 물론, 책이 나오기까지 성심당 사람들도 전혀 눈치 채지 못한, 그야말로 깜짝 선물이었다. 세계적인 권위를 갖고 있 는 매거진이었기에 성심당의 위상이 더욱 올라갔음은 말할 것도 없다.

대기업 자녀들의 베이커리 사업

그즈음 우리나라 제과제빵 업계에 무시할 수 없는 변수 하 나가 등장했다. 한국을 대표하는 큰 기업의 자녀들이 일제히 제빵사업에 뛰어들며 지각 변동을 예고한 것이다. 이들은 외국의 베이커리를 포함한 델리 브랜드를 수입하는가 하면, 유명한 디자이너에게 인테리어를 맡겨 고급화를 추구한 베이커리 카페를 선보이기도 했다. 모두 고품격 카페형 베이커리를 지향하는 매장이었다.

이 소식을 처음 소개한 언론들은 빵을 둘러싼 대기업 자녀들의 '전쟁'에 주로 초점을 맞췄다. 마치 빵을 무기로 그룹 간 대리전을 치르는 듯한 분위기로 몰아갔다. 또 한편으로는 상대적으로 위험 부담이 적은 베이커리 사업으로 이들이 2·3세 경영을 준비한다는 시각도 있었다. 실제 소비자와 부딪히고 소통하며 성과를 내야 하는 사업이기 때문에 경영 수업으로 안성맞춤이라는 것이었다.

그러나 2012년 초를 지나면서 이들 사업에 대한 여론이 싸늘하게 식어가기 시작했다. 경기 불황에 자영업자들이 고전하면서 대형마트와 기업형 프랜차이즈 사업체를 바라보는 국민의 시선이 곱지 않았다. 당시 이들 기업은 소규모 체인점을 확대하면서 골목상권까지 깊숙이 파고들고 있었다. 여론이 악화되자 대통령까지 나서서 "빵집을 하는 입장에선 생존이 걸린 문제"라고 대기업의 베이커리 사업을 강도 높게 비난했다. 이 여파로 이들은 베이커리 사업에서 완전히 손을 떼거나 브랜드를 다른 기업에 매각했다.

사실 이런 고급 베이커리들이 동네 빵집에 미치는 영향은 거의 없었다. 이들 매장은 대부분 골목이 아닌 백화점과 고급 상권에 자리 잡고 있었고, 이들이 목표로 하는 고객 또한 서민과 중산층이 아니었다. 실제 골목상권을 위협하던 존재는 이들 고급 베이커리들이 아니라 기업형 프랜차이즈 매장들이었다. 그러나 대기업의 자녀들이라는 화제성 때문에 여론의 집중 포화를 맞으며 사업 일선에서 물러날 수밖에 없었다.

대전 롯데백화점 입점

대전 서구에 위치한 롯데백화점 지하 매장에도 한 기업이 프랑스에서 수입한 고급 베이커리 브랜드가 문을 열었다. 매장 사방을 금색으로 칠했고 한쪽 벽은 빨간색의 거대한 여성 입술로 장식한 대단히 파격적인 인테리어를 선보였다. 말 그대로 예술성이 돋보이는 프랑스의 유명 빵집을 그대로 옮겨온 듯했다. 그러나 대전 시민의 반응은 냉담했다. 결국 이곳은 대전 시민의 생활 속으로 파고드는 데 실패하고 문을 닫아야 했다.

　　2011년 가을 추석 연휴 때였다. 대전 롯데백화점 본사 직원이 영진을 찾아와 성심당이 그 자리에 입점해 달라고 부탁했다. 처음에는 얼토당토 않은 제안이라고 생각했다. 화재 이후 다시 예전의 활력과 명성을 되찾은 성심당은 본점과 같은 타입의 매장을 원도심이 아닌 둔산 지역에서 하면 어떨까 고려하긴 했지만, 백화점 입점은 한 번도 생각해 보지 않았다. 게다가 대기업에서 직접 수입하여 운영한 프랑스의 고급 베이커리 매장도 고전하는데 성심당이 들어간다고 상황이 좋아지리라는 보장은 없었다. 백화점에 입점하는 조건이 일반 사업자에게는 결코 유리하지 않다는 것도 알고 있었다.

　　과거 프랜차이즈 때문에 겪었던 고생도 떠올랐다. 성심당은 본점인 은행동 145번지와 신관인 은행동 153번지를 운영하고 있었다. 하지만 두 곳은 워낙 가까이 붙어 있어 직원들은 물론 대전 시민들까지 누구도 굳이 두 곳을 구분하지 않았다. 그러나 서구에 위치한 롯데백화점이라면 이야기가 전혀 달라진다. 본점에서 5킬로미터 떨어진 백화점은 명백히 지점일 수밖에 없었다. 시민들은 과연 롯데백화점 지점을 어떻게 바라볼까. 영진에겐 적지 않은 부담이었다. 보기에 따라서는 다시 프랜차이즈를 시작하는 신호탄으로도 해석될 수 있었다.

　　무엇보다 백화점 매장을 지휘하고 관리할 적임자를 찾

기 어려웠다. 성심당은 단순히 매출을 최우선으로 하는 영리 기업이 아니다. 창업 때부터 이어진 나눔의 철학과 정신을 5 킬로미터 떨어진 그곳에서도 제대로 적용하고 관철시켜 갈 '사람'이 필요했다. 물론 성심당 빵의 품질과 맛을 본점과 똑같이 유지하고 관리하는 것은 기본 중에 기본이었다. 그런 인재가 없다면 아무리 좋은 조건이라 해도 무의미하다고 여겼다. 성심당의 철학과 정신이 빠진 빵집은 더 이상 성심당 이라고 부를 수 없기 때문이었다.

그러나 백화점 측은 포기하지 않았다. 백화점 담당자는 미안할 정도로 자주 찾아와서 끈질기게 영진과 미진을 설득 했다. 영진의 마음도 점차 흔들리기 시작했다. 영진과 미진 은 마땅한 사람이 나타나면 출점하자고 의견을 모았다.

때마침 지점을 맡길 만한 사람이 나타났다. 1980년에 성심당에 들어와 오랫동안 함께 빵을 만들며 동고동락했던 박병선 공장장이 그 주인공이었다. 박병선은 2000년경 성심 당에서 독립해 개인 빵집을 열었지만 기업형 프랜차이즈의 공세를 이겨내지 못하고 그즈음 문을 닫은 상태였다. 트렌드 에 민감한 백화점 지점을 관리하려면 젊고 새로운 인물이 필 요하지 않겠냐는 의견도 있었지만, 박병선이야말로 성심당 의 문화를 누구보다 잘 아는 사람이었다. 영진은 그에게 롯 데백화점 지점을 맡기기로 했다.

마침내 영진이 최종 결심을 내렸다. 2011년 12월 초, 성심당은 롯데백화점 대전점에 입점하기로 했다. 영진은 롯데백화점이 성심당의 새로운 돌파구가 되어줄 거라 믿고, 박병선 공장장을 불러 "남극이나 북극에 가서 냉장고를 판다는 각오로 한 번 해 보자"고 설득했다.

박병선을 중심으로 매장 준비에 들어갔다. 그는 잠자는 시간을 빼고 오롯이 매장 준비에 몰두했다. 하지만 준비 과정은 순탄치 않았다. 백화점 입점은 처음이라 시행착오가 많았다. 백화점의 규칙이 까다로워 한 번 위반하면 하루 이틀씩 공정이 미뤄지기도 했다. 인테리어 작업은 백화점이 문을 닫은 밤 시간만 이용할 수 있었다.

백화점 고객들에게 성심당이 16일에 문을 연다는 광고가 이미 나갔지만 현실적으로 시간을 맞추기가 불가능해 보였다. 백화점 측에서도 자신이 없었는지 사과 공지를 하고 개장일을 미루자고 제안했다. 그러나 서비스 업종을 하면서 한 번 한 약속을 어기는 것은 매우 큰 실례였다. 조금 무리하더라도 약속한 날짜에 맞추기로 했다. 개장을 사흘 앞두고는 전 직원이 매달렸고 영진과 미진도 현장을 지켰다. 그리고 마침내 16일 오전, 개장 시간이 다가왔다.

사흘을 거의 잠도 못 자고 일한 직원들의 얼굴에 피곤과 긴장의 기색이 역력했다. 백화점 문을 열기 전, 고요하기만

한 매장에서 아무도 말 한 마디 할 수 없었다. 모두들 가쁜 호흡을 가라앉히고 각자 맡은 자리에 섰다. 그리고 10시 30분, 마침내 백화점 식품매장의 문이 활짝 열렸다.

갖은 우려가 환호로 바뀌는 데는 10분이 채 걸리지 않았다. 문을 열자마자 손님들이 성심당 앞에 줄을 서기 시작했다. 줄이 점점 길어지더니 매장 오른쪽에 위치한 침구 코너를 휘돌아 길게 이어졌다. 백화점 직원들도 깜짝 놀랐다. 2000년 대전 롯데백화점이 생긴 이래로 단일 매장에 손님들의 줄이 이렇게 길게 이어진 것은 이번이 처음이었다. 백화점 직원들은 아침부터 손님 줄을 관리하는 데 투입됐다.

첫날 성심당이 판매한 빵은 무려 800만 원 어치였다. 이전 업체보다 열 배 이상 많은 매출이었다. 새로운 점포의 개점 효과였을까? 그렇지 않았다. 성심당 롯데백화점의 매상은 그 후로도 평일 700만 원, 주말 1,200만 원의 매출을 꾸준하게 올렸다. 롯데백화점이 놀랐고, 성심당도 놀랐다. 대전 서구에 살던 시민이 마치 이 날만을 손꼽아 기다려 온 것처럼 열렬하게 반응했다. 성심당 사람들은 롯데백화점 때문에 손님이 분산돼 은행동 본점에 손님 매상이 줄어들 거라고 생각했다. 그러나 실제로는 본점 매상도 덩달아 오르는 효과를 봤다. 입소문이 더해져 두 군데가 함께 시너지 효과를 낸 것이다.

롯데백화점의 뜨거운 반응은 바로 언론의 조명을 받았다. 프랑스의 유명 베이커리도 고전한 자리에서 대전 토박이 성심당이 보란 듯이 성공했기 때문이다. 언론사들은 대결 구도로 몰아가기를 좋아했다. 시골 빵집이 프랑스 빵집을 이겼다, 동네 빵집이 대기업 빵집을 이겼다는 기사가 등장했다. 덩달아 외국의 브랜드가 아닌 지역 정서에 기반한 향토 기업에 대한 관심도 이어졌다. 하지만 이 사건은 새로운 도약의 서막일 뿐이었다.

성심당의 고향, 대전역 입점

성심당이 대전 롯데백화점에 성공적으로 안착하자 대전 전역이 성심당 소식으로 들썩였다. 얼마 후 중도일보의 한 기사에 대전역에 성심당을 유치하자는 기사가 실렸다. 대전 시장이 실국장들과의 회의석상에서 "대전역에서 기차를 탈 때 보면 '경주빵집'이 눈에 들어오고, 내리면 '부산오뎅' 간판이 보이는데 '성심당 빵집'과 같이 향토 제품도 널리 알릴 수 있게 하는 방안을 실무 차원에서 적극 검토하라"고 지시했다는 내용이었다. 대전역 입점 업체를 관리하는 코레일도 이에 호응했다.

하지만 성심당의 입장에서는 급히 다른 지역으로 이동하는 바쁜 승객들이 과연 빵을 살까 걱정이 앞섰다. 위생과 맛을 본점과 똑같이 유지할 수 있을까도 고민이었다. 그러나 대전역은 성심당이 천막을 치고 처음 장사를 시작한 곳이다. 성심당이 잉태되고 태어난 곳, 성심당의 정체성이 만들어진 곳이기에 마음이 움직일 수밖에 없었다. 얼마 후 역사 내 매장 입점자를 모집하는 입찰공고가 나왔고 성심당도 응찰해 낙찰을 받았다.

처음엔 대전역 매장에 그리 기대가 크지 않았다. 지금껏 빵을 사 들고 기차에 오르는 승객은 보기 어려웠다. 식당에서 끼니를 해결하거나 편의점에서 간식을 사 들고 타는 정도였다. 직원들은 롯데백화점 정도의 매출만 나와도 좋겠다고 생각했다. 그 정도만 해도 굉장히 선방한 것일 터였다.

매장을 만드는 작업은 그렇게 어렵지 않았다. 1년 전 백화점에서 고생한 경험이 보약이 됐다. 정식 개점은 2012년 11월 13일이었다. 전날 마지막 공사를 마치고 마지막 열차가 떠난 뒤 가벽을 철거했다. 그리고 새벽 6시 성심당 대전역점이 문을 열었다. 매장에는 '56년 만에 대전역 입성'이라고 쓴 현수막을 내걸었다. 망망대해를 떠돌다가 자기가 태어난 개울로 돌아온 연어의 기분이 이러할까. 영진과 미진은 감격했다. 부모님께서 살아 계셨다면 얼마나 기뻐하셨을까?

성심당 대전역점은 기차역이라는 특성을 감안해 담백한 빵과 수프로 메뉴를 짠 직장인용 모닝 세트를 특별히 준비했다. 그러나 대전역 성심당을 찾은 손님들은 특별히 준비한 모닝 세트보다는 기름진 튀김소보로를 손에 쥐었다. 손님들은 가장 성심당다운 빵, 대전에서만 먹을 수 있는 빵을 선택한 것이다.

대전역점의 반응도 기대 이상이었다. 역사 로비에서 탑승 플랫폼으로 들어가는 입구에 자리한 성심당에는 튀김소보로와 판타롱부추빵을 사려는 줄이 항상 길게 늘어서 있다. KTX 덕분에 대전역은 전국 어디서든 접근이 편리했다. 승객들은 선물용으로 튀김소보로와 판타롱부추빵 세트를 사들고 기차에 올랐다. 대전역점에서 팔리는 튀김소보로와 빵을 구매하는 손님 숫자도 하루 수천에 달한다. 성심당 대전역점도 KTX 역사 내 단일 매장으로 엄청난 성공을 거두었다. 대전 시민 사이에는 '대전역에는 줄이 세 개'라는 말도 나왔다. 매표소, 여자화장실 그리고 튀김소보로 줄을 의미한다.

대전역에서 성심당이 크게 성공하면서 코레일의 매장 정책도 큰 변화가 일어났다. 코레일은 각 지역의 대표 먹거리 상품을 해당 지역 KTX 역사 안에 유치하는 데 공을 들였다.

유명 프랑스 베이커리 브랜드가 떠난 자리에 로컬 빵집 성심당이 문을 열자 대전 시민들은 열광적인 호응으로 화답했다. 대전 롯데백화점 성심당은 지금도 높은 매출을 올리고 있다.

60년 전 대전역 천막 노점에서 찐빵을 팔며 시작한 성심당의 대전역 입성은 실로 감격스러운 일이었다. 성심당 대전역점이 큰 사랑을 받자 전국 KTX 기차역마다 각 지역의 명물들이 매장에 들어섰다.

부산역의 삼진어묵, 울산역의 언양불고기 등 곳곳에 지역 대표 맛집 매장이 들어섰다.

대전역에서는 이제 튀김소보로 줄에 섰다가 열차를 놓친 경우는 흔한 일이 됐고, 서울에서 성심당 빵을 사려고 일부러 대전역에 다녀가는 사람도 적지 않다. 대전이 목적지가 아닌 승객들도 대전을 환승역으로 삼고 성심당에 들렀다가 다시 목적지로 향하기도 한다. 역사 곳곳에 배치된 물품보관함의 상당수는 승객들이 구매한 성심당 빵들이 차지하고 있다. 환승 시간에 뛰어가 튀김소보로를 사는 데 성공한 남편이 양손 가득 튀김소보로를 들고 아내에게 만세를 불러 승객들에게 박수를 받은 사연부터, 객차에서 잠을 자던 승객들이 튀김소보로의 고소한 냄새에 눈을 떠 대전역에 도착했음을 실감했다는 일화까지 갖가지 에피소드가 회자되고 있다.

서울 소공동 나들이

은행동 본점 문턱을 넘어선 성심당은 대전에서 두 번의 성공을 거두며 승승장구했다. 2011년 말 롯데백화점 대전점의 성공 사례가 롯데백화점 본사에 알려지면서 본사 차원의 새 프로젝트가 추진됐다. 바로 서울 소공동에 있는 롯데백화점 본점에 1주일간 성심당 팝업스토어를 열어 보자는 것이었다.

롯데백화점 본사 담당자가 대전의 성심당을 찾아왔다. 성심당도 고민이 적지 않았다. 대전에서는 제법 신뢰를 받고 있지만 과연 서울 사람들이 성심당을 알까? 갔다가 기대만큼 성과를 내지 못하면 적잖은 후유증도 감수해야 한다. 하지만 한편으로는 대전의 성심당이 서울에서 어느 정도 통할지 궁금했다. 성심당은 다시 한 번 도전을 결심했다.

서울 나들이를 결정하고 사전 조사를 하러 찾은 소공동 롯데백화점 본점의 환경은 뜻밖에도 열악했다. 팝업스토어 장소에는 배선도 없고 조리기구도 없었다. 원래 지하 식품매장에서 건어물류를 판매하는 곳이었다. 맛있는 빵을 내려면 바로 반죽하고 빚어서 그 자리에서 구워 내는 시스템이 필요했다. 이대로라면 성심당의 빵공장을 통째로 옮겨오지 않으면 안 될 상황이었다. 1주일 문을 열자고 그 모든 환경을 갖추기란 쉽지 않았다. 그렇다고 미리 만든 빵을 내놓는 것은 더욱 용납할 수 없었다. 이미 결심한 도전이니 여기에서 물러설 수는 없었다. 주어진 환경에서 백화점과 최대한 서로 맞춰 나가자며 의기투합했다.

말이 팝업스토어지 실제로는 베이커리 매장 하나를 새

로 차리는 것과 다름이 없었다. 겨우 1주일간 진행되는 판매 행사이지만 제대로 된 빵을 만들려면 판매 매장만큼의 제대로 된 시스템을 갖춰야 했다. 우선 서울에 갈 파견 직원을 본점과 백화점 매장에서 30명을 선발했다. 그들의 빈자리는 남아 있는 직원들이 특근으로 메웠다.

준비 과정만도 1주일이 꼬박 들었다. 오븐을 비롯해 엄청난 양의 장비들이 속속 현장에 도착했다. 제빵사들은 좁은 공간에 장비와 도구들을 배치했다. 준비 과정 하루하루가 군사작전을 수행하는 것처럼 긴장 속에서 진행됐다. 소공동 백화점 직원들도 적극 힘을 보탰다. 물을 갖다 주기도 하고 청소도 함께 했다. 나중에는 백화점 직원들에게 그때처럼 즐겁게 일해 본 적이 없다는 말도 들었다.

2013년 1월 14일, 드디어 결전의 날이 밝았다. 매장 앞에는 'No. 1 베이커리 성심당 초대전'이라는 간판이 나붙었다. 현수막과 포스터엔 성심당의 간판 메뉴인 튀김소보로가 2,000만 개 넘게 판매됐다는 소식도 담았다. 튀김소보로와 박빙을 이루는 '판타롱부추빵'과 대전의 감성을 표현한 '대전부르스 떡'도 소개했다. 손님들이 기다릴 벽면에는 성심당의 역사와 그간 블로그에 올린 성심당 이야기를 담았다. 서울 시민들에게 대전 빵집 성심당을 흠뻑 느끼게 할 모든 준비가 완료됐다.

오전 10시 반, 백화점 문이 열리면서 손님들이 하나 둘 성심당 팝업스토어를 찾아오기 시작했다. 기대 반 두려움 반으로 손님들을 기다리던 미진은 이내 놀라운 광경을 목격했다. 어느새 손님이 불어나면서 줄을 서기 시작했는데, 그 끝이 지하1층 매장을 휘돌아 지하도까지 이어졌다. 백화점 직원들이 더 당황했다. 미처 예상치 못한 상황에 백화점 직원들도 바빠지기 시작했다. 손님들에게 줄을 안내하고 입구에는 테마파크에서 봤음직한 '고객님의 많은 이용으로 대기 시간이 약 1시간 30분 소요됩니다'라는 안내게시판을 내걸었다. 튀김소보로를 1인당 6개까지만 구매할 수 있다는 안내판도 함께 걸었다.

오후가 되어서도 줄은 줄어들 기미가 보이지 않았다. 아니, 더 많은 사람이 찾아오고 있었다. 포털사이트에는 성심당이 상위 검색어로 하루 종일 오르내렸다. 소셜미디어에서도 소공동 팝업스토어 소식이 쉬지 않고 공유되었다.

1월 14일부터 20일까지, 1주일간 진행된 팝업스토어는 1억 5,000만 원이라는 놀라운 매출을 올리며 성공리에 마무리됐다. 그 사이 다녀간 손님들만 1만 7,000여 명에 달했다. 애초에 품었던 우려는 기대를 넘어 환호로 바뀌었다. 백화점 직원들에게도 성심당의 팝업스토어는 놀라운 경험이었다. 주로 해외 유명 브랜드를 상대하던 직원들이 국내 브랜드,

그것도 서울이 아닌 대전의 브랜드를 소개하며 로컬 브랜드
의 저력을 확인한 것이다.

　서울 나들이를 무사히 마친 미진과 직원들은 대전역에
내렸을 때 '해냈다'는 짜릿한 전율을 느꼈다. 마치 목숨을 건
전투를 치르고 마침내 승리했을 때처럼 진한 전우애를 느꼈
다. 서울에서 거둔 성취는 본점 직원들에게도 깊은 영향을
미쳤고, 직원들의 자부심은 하늘을 찌를 듯 치솟았다.

　서울은 역시 서울이었다. 서울에서 성심당 팝업스토어
가 성공하자 대전 본점에도 덩달아 손님이 몰려오기 시작했
다. 인터넷과 소셜미디어에 팝업스토어 소식이 확산되면서
본점까지도 영향을 받은 것이다. 롯데백화점 본점 나들이는
전국적인 인지도를 가져오며 성심당의 위상에 질적인 변화
를 가져왔다. 성심당은 이제 명실상부한 전국구 빵집으로 주
목받기 시작했다.

로컬 기업 성심당의 존재감

성심당과 롯데백화점은 이후로도 두 차례 더 팝업스토어 이
벤트를 열었다. 먼저 부산 롯데백화점에서 2013년 10월 2일

부터 10일까지, 9일간 진행됐는데 당시 부산에서 얼마나 크게 이슈가 됐는지 지역 언론에서 "부산에는 두 종류의 사람이 있다. 성심당 빵을 먹어본 사람과 먹어보지 않은 사람"이라는 우스갯소리를 기사로 쓸 정도였다. 9시 뉴스에는 지하철 역사까지 줄이 늘어선 광경을 방영하기도 했다. 부산은 서울과 또 다른 지역이라 성심당의 인지도가 낮을 것이라고 생각했는데 결과는 서울보다 더 뜨거운 반응으로 나타났다.

성심당은 부산 롯데백화점에서 개장 첫날 3,600만 원을 시작으로 일 평균 3,200만 원을 기록하며 3억 원에 가까운 매출을 올렸다. 연초에 서울 소공동에서 올린 매출의 두 배 가까운 기록이었다. 부산 시민다운 화끈한 호응이었다. 성심당도 부산에 직원 25명의 대부대를 파견했고, 부산 시민을 위해 특별히 제작한 '부산갈매기빵'을 선보이기도 했다.

이듬해 가을에는 소공동 롯데백화점 본점에서 세 번째 팝업스토어가 열렸다. 첫 번째 행사보다 매장도 키우고 인원도 더 투입했다. 서울 시민을 위한 '서울탱고'라는 기획 빵도 선보였다. 2014년 10월에 열흘간 열린 팝업스토어는 4억 3,200만 원이라는 최고 매출을 기록하며 성대하게 막을 내렸다. 다녀간 손님도 4만여 명에 달했다.

이처럼 성심당의 팝업스토어가 크게 성공하면서 롯데백화점은 글로벌 유명 브랜드가 아닌 국산 명품 브랜드를 찾아

육성하는 데 관심을 기울였다.

롯데백화점의 이러한 정책 변화는 롯데월드몰의 매장 면면에도 영향을 끼쳤다. 전문식당가들이 모여 있는 5, 6층을 '서울 3080'이라고 이름 짓고 인테리어도 근현대 서울의 옛거리를 표현함으로써 우리 음식에 대한 의지를 드러낸 것이다. 이 공간에는 원할머니국수보쌈, 논현동삼계탕, 수하동곰탕, 서래냉면, 황남빵, 삼보당 호떡, 이성당 등 평소 한두 번은 들어봤음직한 우리나라 맛집들이 당당하게 자리를 잡았다.

그러나 정작 성심당은 서울의 롯데백화점에 입점해달라는 요청을 사양했다. 롯데백화점뿐만 아니라 많은 유통업계에서 파격적인 조건을 제시하며 서울 입점 러브콜을 보냈지만 모두 거절했다. 서울은 대전과 비교할 수 없는 규모의 매출을 기대할 수 있는 곳이지만, 성심당은 대전을 벗어나지 않기로 결정했다. 이유는 간단했다. 성심당이 굳이 대전을 벗어나서까지 영업해야 할 이유를 찾지 못했기 때문이다. 미진은 이렇게 말했다.

"대전을 벗어나 서울에 자리 잡은 성심당을 과연 성심당이라 부를 수 있을까요? 물론 돈은 지금보다 훨씬 많이 벌겠지만 돈을 많이 버는 대신 우리의 본질을 잃을 수도 있다고 판단했어요. 대전 사람들이 외지에서 온 손님들에게 성심당을 소개하고, 빵을 선물하며 대전에 성심당이라는 역사를 지닌 로컬 기업이 있다는 데 자부심을 느끼는 모습을 보면서 대전에 와야만 만날 수 있는 빵집으로 그 가치를 지키고 싶었습니다."

한번은 롯데그룹에서 직접 성심당의 중국 진출을 고려하여 프로젝트 팀이 가동된 적도 있었다. 서울 분점도 고사하는 성심당이 과연 중국까지 가겠냐는 의견도 있었지만, 중국 현지에서 수요 조사까지 진행한 프로젝트 팀은 직접 대전 은행동을 찾아와 성심당 임직원들 앞에서 조사 결과를 발표하며 중국 진출을 설득했다. 하지만 성심당은 이번에도 정중히 거절했다.

영진과 미진은 지역을 대표하는 빵집이라는 원칙을 고수하며 대전에서 귀한 존재로 자리 잡는 것이 아직은 성심당이 추구해야 할 목표라고 생각한다. 성심당 방문을 목적으로 전국에서 대전을 찾아오고, 그렇게 대전 경제에 조금이라도 보탬이 되는 것이 대전 시민에게 빚을 진 성심당의 도리라고 여기는 것이다. 그래서 한 기업으로서 자신의 도시에 사회적 역할을 다하고 결국엔 성심당이 대전의 자부심이 될 수 있기를 부부는 바라고 있다.

중국 남초우 그룹과의 인연

중국 진출은 계획에 없었지만 성심당과 중국의 교류는 2006년부터 계속 이어지고 있다. 성심당을 찾아오는 중국의 제과 제빵업 종사자들만 해도 1년에 많게는 300~400여 명에 달한다. 2015년 11월에는 영진과 미진이 중국 제과업계의 초대를 받아 업계 종사자들을 상대로 특강을 하기도 했다. 상하이에서 개최된 이 행사에서 미진은 '기업 문화가 직원들과 고객에게 어떤 영향을 미치는가?'라는 제목으로 성심당 이야기를 소개했다. 제목에서 엿볼 수 있듯이 중국의 제과업계는 성심당의 '기업 문화'에 특별히 깊은 관심을 보였다.

성심당과 깊은 유대 관계를 맺고 있는 기업은 3대째 이어지는 '남초우(南僑)' 그룹으로 대만에서 시작해 중국 상하이, 칭다오, 광저우, 베이징까지 진출한 대형 식품기업이다. 남초우와의 첫 만남은 2006년 봄 상하이에서 열린 대한제과협회와 중국제과협회 간 협약식 때였다. 당시 중국측 대표를 맡았던 남초우 그룹의 첸정웬(陳正文) 부회장은 행사가 끝난 뒤 한국 제과점을 답사하러 방한했는데 그가 방문했던 제과점 중에 성심당도 있었다.

첸 부회장이 KTX를 타고 대전역에 도착할 즈음 영진과 미진, 그리고 홍보실 직원들이 간단한 환영 팻말을 만들어 마중을 나갔는데 그때 영진은 오토바이를 타고 있었다. 첸 부회장과 인사를 나눈 뒤 성심당으로 이동할 때 첸 부회장 눈에 영진의 오토바이가 들어왔다. 성심당 대표가 승용차가 아닌 오토바이를 직접 몰고 마중을 나왔다는 사실에 첸 부회장은 몹시 놀라면서 흥미를 보였다. 급기야 준비된 승용차를 마다하고 첸 부회장은 영진의 뒤에 앉아 오토바이로 이동하고 싶어했다. 영진과 첸은 대전역 광장에서 함께 오토바이에 올랐다. 두 사람은 대전의 바람을 함께 가르며 성심당 본점에 도착했다.

기업가인 첸 부회장은 성심당에 도착하자마자 직원들의 표정과 태도부터 살폈다. 밝은 표정과 활기찬 움직임, 그리고 자연스런 미소가 그를 사로잡았다. 직원들이 행복한 모습으로 일하고 있다는 사실에 감동한 그는 선대부터 내려오는 성심당의 이야기와 나눔의 전통에 귀를 기울였다. 특히 지역 사회와 긴밀하게 소통하며 사업하는 모습에 깊은 감명을 받았다. 첸 부회장은 중국에 필요한 것이 바로 이와 같은 '기업 문화'라고 생각했다. 단순히 돈을 많이 버는 기업이 아니라 직원끼리 서로 사랑하고, 지역 사회와 공동체에 기여하는 기업 활동이야말로 중국의 제과업계가 성심당에서 배워야 할 점이라고 여겼다.

중국으로 돌아간 첸 부회장은 이듬해부터 매년 많은 중국 제과업계 종사자들을 대전 성심당으로 견학 보내고 있다. 현대 중국은 개혁개방이 이뤄지며 짧은 기간 동안 경제가 고속 성장하고 있다. 첸 부회장은 그 빠른 변화의 흐름 속에서도 중심을 잡아줄 다른 가치관이 필요하다고 생각했다. 사랑의 문화로 직원과 지역 사회와 더불어 성장하기 원하는 성심당의 모델은 그가 생각하기에 지금 중국 사회에 꼭 필요한 것이었다.

중국 제과 역사는 우리보다 길지 않지만, 중국 제과점은 빠른 속도로 성장하고 있다. 규모로 따져도 이미 성심당과 비교할 수 없는 엄청난 크기와 점포 수를 자랑하는 제과점들이 수두룩하다. 매출도 물론 비교가 안 되는 수준이다. 그러나 중국 제과업계에서 성심당은 꼭 한 번 견학하고 싶은 꿈의 빵집으로 불린다. 그들은 성심당에 와서 무엇을 보고 배울까? 다음은 2015년 11월 18일에 성심당을 방문한 중국의 허허위옌위옌(合和圓綠) 베이커리 임직원들의 방문기 중 일부다.

"사랑의 문화가 감동적이다."

"영혼도, 사명감도, 사랑도 있는 곳!"

"놀랍게도 제품마다 기업 이미지가 들어 있다."

"튀김소보로를 먹을 수 있어서 너무 좋다."

중국 남초우 그룹의 첸정웬 부회장과 성심당 임영진 대표의 만남.

성심당과 남초우 그룹의 교류는 현재도 꾸준히 이어지고 있다.

"상하이에서 강연을 듣고 성심당 스타일을 동경했는데,
실제 와보니 정말 인상적이다."

"일사분란한 팀워크를 보며 직원들과 경영주가 하나됨
을 느꼈다."

남초우 그룹과의 인연은 현재도 계속되고 있다. 2019년
코로나19 팬데믹으로 잠시 발길이 끊긴 적도 있지만, 2024
년 초에는 남초우 그룹 관리자들이 방문을 재개했으며 중국
베이커리 업계에서 약 200여 명이 성심당을 방문하였다. 또
5월에는 남초우 그룹의 초대로 '2024 베이커리 차이나'에
성심당의 임직원이 초청받아 방문하기도 했다.

교황의 식탁, 그리고 훈장

2014년 8월 14일, 가톨릭의 수장인 프란치스코 교황이 5일
간의 일정으로 한국을 방문했다. 조선시대에 가톨릭 신앙을
지키다가 순교한 윤지충 바오로를 비롯해 123위 순교자의
시복식을 집전하고, 그 기간 중 대전에서 열린 아시아청년대
회에 참석하기 위해서였다. 프란치스코 교황의 방한은 1989
년 요한 바오로 2세의 한국 방문 이래 25년 만에 찾아온 가

톨릭 교계의 큰 행사였다. 교황의 방문은 우리나라에서 즉각 큰 뉴스가 됐다. 평소 소박하기로 유명한 프란치스코 교황은 의전 차량으로 고가의 대형 차량 대신 소형차를 선택하는가 하면, 대전 행사장으로 이동할 때도 준비된 헬기 대신 KTX를 이용해 신선한 충격을 안겨줬다. 전 국민의 눈과 귀가 교황의 일거수일투족에 집중됐다.

프란치스코 교황의 방한은 많은 사람들의 마음을 따스하게 지폈다. 시복식이 열리는 광화문 광장에서는 세월호 유가족들을 따뜻하게 품었으며, 대전 행사에서는 진도에서 도보순례에 나선 유가족을 만나 세례를 베풀었다. 많은 사람들이 교황의 연설과 행동에 위로를 받고 용기를 얻었다. 외신으로 전해 듣던 정의롭고 따뜻한 모습 그대로였다. 독실한 가톨릭 신자로서 교황의 방한을 고대하던 영진과 미진에게도 큰 선물이 하나 주어졌다. 교황 방문 3주 전인 7월의 어느 날, 교황청 대사관으로부터 연락이 왔다. 교황의 방한 기간 동안 성심당 빵으로 식사하고 싶다는 소식이었다. 아버지 대부터 이어오던 가톨릭 집안으로서 이보다 더한 경사는 없었다. 가장 잘할 수 있는 것으로 가장 귀한 손님을 대접할 수 있다는 사실에 가슴이 부풀어 올랐다.

영진은 경험이 풍부한 파티시에 네 명으로 전담팀을 꾸렸다. 2주 동안 재료를 선정하는 등 세세한 준비를 마치고 교

황 방문 첫날인 14일에 사과 타르트와 크로와상 등을 교황
청 대사관에 전달했다. 15일 교황의 아침 식사에는 성심당의
치아바타와 바게트, 그리고 천연발효 호밀빵인 캄파뉴가 식
탁에 올랐다. 대전 가톨릭대학에서 열린 아시아청년대표와
의 오찬에도 성심당이 준비한 티라미수 케이크가 디저트로
올랐다.

　이들 제품 모두 성심당에 있던 메뉴였지만, 정통 유럽
식 레시피를 충실하게 재점검하고 재료와 생산방법을 달리
적용했다. 반죽은 전날 준비해 숙성시킨 뒤 새벽부터 작업을
시작해 세 시간 가량 빵을 구워 완성시켰다. 완성된 빵은 성
심당 직원이 직접 KTX를 타고 서울역으로 날랐고, 서울역
에 나와 있던 교황청 대사관 직원은 그 빵을 식사 시간에 맞
춰 교황의 식탁으로 가져갔다. 교황의 안전을 도모하기 위해
이 모든 과정은 007작전처럼 비밀리에 진행됐다. 교황의 식
탁에 성심당의 빵이 오른다는 소식도 당시 내부 전담팀 말고
는 성심당 직원 그 누구도 알지 못했다.

　대전에서 진행된 교황의 오찬에는 성심당이 직접 서빙
하는 기회가 주어졌다. 미진은 물론이고 성심당에서 근무하
고 있는 큰딸 선과 아들 대혁이 발벗고 나섰다. 한국의 정서
를 담으면서도 맛있게 드실 수 있도록 온 가족이 의기투합하
여 메뉴와 식탁 구성에 아이디어를 냈고, 가장 한국적인 테

이블 세팅을 위해 색동을 콘셉트로 포인트를 주었다.

가톨릭 신자에게 교황은 절대적인 존재다. 여간 어렵고 신중한 존재가 아닐 수 없다. 가족들도 교황을 마주하기 직전까지 잔뜩 긴장한 채로 서 있어야 했다. 그러나 교황이 식탁에 등장하며 눈을 맞추는 순간 모든 긴장이 눈 녹듯이 사라졌다. 미진에게 교황은 마치 친정아버지 같은 존재로 다가왔다. 자녀들에겐 영락없이 인자한 할아버지였다. 한 접시 한 접시 올릴 때마다 프란치스코 교황은 고맙다는 눈인사를 잊지 않았다.

드디어 디저트 시간. 성심당이 특별히 준비한 진한 초콜릿 케이크가 식탁 위에 올랐다. 과연 드실까? 드신다면 어느 정도 드실까? 혹시 남기지는 않으실까? 모두 조마조마한 마음으로 지켜봤다. 다행히 교황은 맛있게 다 드셨다. 게다가 초콜릿이 맛있다며 바티칸 직원들에게 선물로 줄 성심당 초콜릿을 따로 장만해 달라는 부탁까지 했다. 선물용 초콜릿 값 100유로를 건네는 것도 잊지 않았다.

식사를 마친 교황은 고생한 스태프들과 함께 친히 이야기 나누고 사진을 찍는 시간도 가졌다. 식사를 준비하며 고생했던 시간과 내내 긴장했던 마음을 한순간에 잊게 만든 기쁨의 순간이었다. 성심당을 이끌어 온 부부에게 그 시간은 최고의 축제였고, 가장 영광스러운 시간이었다.

　　교황이 한국을 다녀간 지 1년이 지난 2015년 9월 3일, 가톨릭 대전교구에서는 의미 있는 행사가 하나 열렸다. 바로 가톨릭 평신도가 받을 수 있는 최고의 훈장인 '성 그레고리오 교황 기사 훈장'을 이날 영진이 받은 것이다. 이 훈장은 교회와 사회에 봉사한 실적이 특별한 평신도에게 주어진다. 대를 이어 교회와 지역 사회에 봉사한 성심당의 노력을 교황청에서도 공식적으로 인정한 것이다. 여기에 이어 2019년에는 김미진 이사가 한국 가톨릭계 여성 가운데 최초로 프란치스코 교황 십자가 훈장을 수여 받았다. '모든 이에게 이롭게 하십시오'라는 경영철학을 단단히 붙들고 어떤 위기에도 초심을 잃지 않았던 성심당이 이제 대전의 자부심을 넘어 세계 속의 성심당으로 새로운 미래를 열어 가고 있었다.

대전시가 내민 손

2000년대 후반 대전광역시의 고민 중에 하나는 엑스포 과학공원이 있는 대전 북부의 발전이었다. 1993년 대한민국 국민 누구나가 한 번쯤은 다녀갔다는 대전엑스포가 성공적으로 개최되면서 대전 갑천의 북부 일대는 한국의 최첨단 과학

2014년 대전을 방문한
프란치스코 교황. 성심당은
프란치스코 교황의 식탁에
올라갈 빵을 준비했고,
성심당에게는 그 시간이 최고의
축제이자 영광의 순간이었다.

2015년, 임영진 대표가
성 그레고리오 교황 훈장을
받은 데 이어, 2019년에는
김미진 이사가 한국 가톨릭계
여성 최초로 프란치스코 교황
십자가 훈장을 수여 받았다.

기술을 뽐내는 테마공원으로 한동안 사랑 받았다. 그러나 세월을 이길 장사가 어디 있던가? 15년이 넘어가면서 관련 시설들은 하나둘 멈추기 시작했고 한빛탑의 반짝이던 위용도 해를 거듭할수록 퇴색됐다. 대전시는 2010년 들어 '엑스포 과학공원 재창조'라는 슬로건을 내걸고 지역 활성화 사업에 나섰다.

하지만 그 과정이 순조롭지는 않았다. 애초 시는 프로젝트 파이낸싱(PF) 방식으로 민간자본을 대거 유치해 엑스포 과학공원을 새롭게 꾸민다는 계획을 발표했지만, 관심을 보이는 기업이 나타나지 않았다. 때마침 시행된 지방선거에서 시장이 바뀌었고 엑스포 과학공원 재창조 사업은 공공 투자 유치 중심으로 방향을 선회했다. 대전시는 '대전마케팅공사'를 신설하고 엑스포 과학공원의 재창조 사업을 주관토록 했다. 대전마케팅공사의 주도 아래 대전컨벤션센터(DCC)를 중심으로 대전교통문화연수원, 영상특수효과타운, CT 센터, 대전관광공사, 대전시청자미디어센터 등의 공공기관들이 속속 자리를 잡았다.

대전시와 공사는 엑스포 과학공원 재창조 사업에 성심당을 유치하고자 했다. 공사는 DCC에 성심당이 입점해 줄 것을 2015년에 처음 요청했다. 하지만 성심당은 그 요구에 선뜻 응할 수가 없었다. DCC는 대전을 대표하는 전시 시설이지만 행사 때를 제외하면 유동인구가 많은 곳이 아니었다. 공원 내 공공시설에 근무하는 인원도 매장을 유지할 만큼 많지 않았다. 인근 주거단지 또한 걸어다닐 정도의 거리가 못 됐다. 실제 DCC 1층에 마련된 상업 공간이 이렇다 할 성과를 내지 못하고 있었다. 사업성이 높지 않다는 게 너무 분명했기 때문에 성심당 내부에서도 많은 고민이 있었다.

하지만 대전시는 포기하지 않았다. 대전시는 우선 대전 100주년, 성심당 60주년을 맞는 2016년 3월에 성심당과 시정 홍보마케팅 및 공동발전을 위한 업무협약(MOU)을 체결했다. 이때부터 성심당 빵봉지에는 대전시 홍보 메시지가 인쇄됐다. 대전시는 DCC가 외지인과 외국인이 대전을 방문하는 핵심 관문이라는 사실을 강조했고, 성심당이 입점한다면 대전을 알리고 대전만의 도시 이미지를 각인시킬 수 있다는 의견을 피력했다.

성심당 내부에서도 직원들에게 동기부여를 할 수 있는 새 공간이 필요하다는 목소리가 차츰 힘을 얻었다. 대전을 누구보다 사랑하는 향토기업의 사명감도 작동했다. 사업성이 낮은 곳이라 좋은 점도 한 가지 있었다. 성심당이 입점해서 혹시나 피해를 입을 수 있는 동종 업계가 그 지역에는 거의 존재하지 않는다는 것이었다.

1년 넘게 고심하던 성심당은 2017년 3월 입찰에 단독으로 참여했다. 2012년 11월 대전역에 입점한 이래 5년만에 추진하는 확장이었다. 의지를 불태우면 눈앞의 현실도 다르게 보이기 마련이다. 들어가기로 결정하고 보니 DCC도 좋은 점을 제법 갖고 있었다. 일단 고속도로에서 가깝고 주차공간이 넉넉하다는 사실이다. 철도 접근성과 원도심이 강조되어 온 기존 이미지를 훌륭하게 보완할 수 있는 위치였다. 게다가 예전에는 성심당에 접근하기 어려웠던 유성구와 서구, 대덕구의 주민들을 가까이에서 만날 수 있다는 이점도 있었다. 한 번 결정하면 성심을 다해 도전하는 것이 성심당의 장기이기도 했다. DCC점 입점을 준비하는 성심당의 DCC 출점 프로젝트 명은 '렛츠고 DCC'였다.

원도심을 떠난 적이 없는 성심당이 다리 건너 엑스포가 위치한 유성으로 간다는 것은 엄청난 도전이었다. 과학단지로 유명한 유성시는 대전의 원도심과 교육, 소비와 생활 패턴 등이 확연히 다른 곳이다. 공사를 위해 매일 엑스포다리를 건너며, 빵이 두 지역을 이어 주는 다리 역할을 할 수 있길 바라는 마음이었다.

성심당 DCC점은 그해 9월 1일에 문을 열었다. 9월 1일부터 3일까지 열리는 '대전국제와인페어 2017'과 10일부터 13일까지는 열리는 '아시아·태평양 도시 정상회의(APCS)'에 오픈 일정을 맞췄다. 특히 '아시아·태평양 도시 정상회의'

에는 성심당의 임선 이사가 직접 연사로 참여해 '문화관광
교류 관점에서의 로컬 기업의 역할'이라는 내용의 발표를 하
기도 했다.

성심당의 다른 공간과 마찬가지로 DCC점 또한 시간과
함께 성장했다. 2023년 11월 30일에는 DCC점 전체를 리
뉴얼해 새롭게 단장했다. 개점 당시 직원 40여 명으로 출발
한 성심당 DCC점은 2024년 상반기 기준으로 거의 4배가
늘어난 157명이 근무하고 있다. 베이커리와 케익부띠끄의
두 가지 라인업으로 시작해서 제빵 121종, 제과 111종, 브
런치 9종, 전통과자 31종 등으로 내용 면에서도 확대됐다.
2024년 4월에는 성심당의 자가제면 브랜드인 '우동야'와 튀
소전문점 '튀소정거장'이 DCC점 맞은편에 둥지를 틀었다.

'노잼의 도시'와 기승전성심당

성심당 DCC점이 문을 연 2017년은 흥미로운 일들이 많이 벌어진 해이기도 하다. 성심당이 대전마케팅공사와 DCC 입점계약을 한 4월 어느 날, 트위터(현 X)에 "지인이 노잼의 도시 대전에 온다! 어쩌면 조아!!"라는 제목의 알고리즘 이미지가 게시됐다. 지인이 다수인지, 집에 초대할 수 있는 사람인지, 매운 걸 잘 먹는지, 신발 벗고 화장 망가져도 되는지 등을 질문하고 각각의 선택지를 제시한 뒤 마지막 질문 '다음에 뭐하지?'를 물은 뒤 "성심당에 들르고 집에 보낸다!"로 마무리한다. 이른바 '기승전성심당' 알고리즘이 만들어진 것이다.

수많은 사람이 이 이미지를 리트윗했고, 곧바로 국내 유수의 인터넷 커뮤니티에 일제히 게시되면서 열광적인 반응을 이끌어 냈다. 불과 2~3일 사이에 쓰나미처럼 확산된 결과 전국에 모르는 사람이 없을 정도로 주목을 받았다. 졸지에 대전은 '노잼의 도시'라는 불멸의 타이틀을 얻었다. 이후로 대전을 주제로 삼거나 배경으로 하는 거의 모든 콘텐츠는 성심당과 함께 노잼이라는 키워드로 시작했다. 200만 구독자의 유튜브 계정을 운영하는 연예인 박준형이 2020년

11월 대전역을 찾았을 때에도 첫 일성이 "노잼의 도시 대전!"이었다. 2023년에는 대전세종연구원의 주혜진 박사가 <대전은 왜 노잼도시가 되었나>(스리체어스)라는 연구서를 펴내기도 했다.

성심당은 2024년 1월 30일 "기승전 성심당 알고리즘을 만들었던 원작자분, 이 글을 보고 계신가요?"라는 제목의 공지문을 올렸다. 원작자를 찾아 사례하고 '명예성심인'으로 위촉하고 싶다는 내용이었다. 성심당은 원작자를 찾을 때까지 무기한으로 기다리겠다고 밝혔는데 불과 이틀 만에 연락이 닿았다. 대전 출신의 웹툰 작가 장효진 씨가 그 주인공이었다. 그는 어떻게 기승전 성심당 알고리즘을 만들게 됐을까?

장 작가는 2017년에 웹툰 작가로 데뷔했다. 본인 작품으로 처음 원고료를 입금 받은 작가는 그 순간을 지인들과 기념하고 싶었다. 서울에서 함께 고생했던 동료들과 선배들이 떠올랐다. 그들을 대전으로 초대해 제대로 대접하고 싶었다. 그런데 각자의 개성 만큼 입맛도 제각각이었다. 밀가루 음식을 멀리하는 분, 매운 걸 입에도 못 대는 분 등 식성도 다양해서 머릿속이 복잡해졌다. 그래서 작품을 기획할 때 사용하는 알고리즘을 그려 보았다. 다행히 대전에는 치트키가 있었다. 까다로운 입맛을 가진 지인들이지만 그 누구도 성심당만큼은 거부할 수 없었다.

사실 '노잼'은 익숙함의 다른 표현이기도 하다. 대전이라서 특별히 노잼이 아니라, 일상을 살아가는 자기 도시는 대부분 재밌게 느껴지지 않는다. 처음 노잼의 도시가 소셜미디어의 이슈로 부상했을 때 한동안 자기 도시가 더 노잼이라고 주장하는 배틀이 인터넷 커뮤니티를 달구기도 했다. 다만 지인들이 자기 도시를 찾아왔을 때 부끄럽지 않게 내놓을 만한 것이 무엇이 있는지 누구나 한 번은 생각해 봤을 것이다. 웬만한 도시는 그 정도의 자원을 갖고 있고, 장 작가에게 그것은 어릴 때부터 함께해 온 성심당이었다.

노잼 알고리즘이 인터넷을 휩쓸고 정확하게 한 달 뒤인 5월 9일, 제19대 대통령 선거가 있었다. 전직 대통령 탄핵 직후 치른 선거라 그 어느 때보다 관심이 많았다. 각 방송사들도 개표 방소에 사활을 걸었다. 그중에서도 온갖 패러디와 CG로 트렌드를 짚어 낸 SBS의 개표방송은 국내는 물론 세계에서도 주목 받았다. 세계적인 히트 드라마 <왕좌의 게임> 등 다양한 콘텐츠의 이미지를 차용한 것이 주효했다.

지역별 개표 현황을 소개할 때 서울은 스크린도어 작업 중 사망한 김군을 추모하는 2호선 구의역, 경기는 에버랜드를 떠올리게 하는 놀이동산, 인천은 중국의 불법어선을 단속하는 인천해경, 부산은 야구경기가 열리는 사직구장, 울산은 조립이 한창인 자동차공장, 경남은 조선소, 대구는 화재를 겪은 서문시장, 경북은 경주의 첨성대, 광주는 빛고을을 상징하는 불꽃놀이, 전남은 세월호를 인양하는 목포 앞바다, 전북은 고추장을 담그는 순창 풍경, 강원은 동계올림픽을 앞둔 평창의 스키 점프대, 제주는 물질하는 해녀들이 배경화면으로 구성됐다.

그리고 대전의 배경화면에는 사람들이 길게 줄 서 있는 성심당의 케익부띠끄가 선명하게 등장했다. 이 장면을 소개하는 진행자의 멘트는 "빵집 앞에 많은 사람들이 줄 서서 기다리고 있습니다"였다. 동네 빵집 하나가 대도시 전체를 대표하는 상징으로 선택됐지만, 이에 대해 이의를 제기하는 사람은 대전 내에서도, 그 밖에서도 없었다.

돌이켜 보면 2017년 4월의 기승전 성심당 알고리즘과 5월의 SBS 대통령선거 개표방송은 '대전=성심당'이라는 연결된 이미지를 대전 시민뿐만 아니라 전국의 대중에 각인시키는 방아쇠 역할을 했다. 이후 소셜미디어는 물론이고 다양한 방송 프로그램에서도 대전과 성심당은 앞서거니 뒤서거니로 등장하면서 서로를 이끌거나 밀어주고 있다.

시그니처 스토어

성심당 최초의 분점은 2011년 대전 롯데백화점에 만들어졌다. 성심당과 롯데백화점은 그 이후로도 여러 차례 협업했다. 2013년 1월에는 서울 소공동 본점에서, 그해 10월에는 부산 롯데백화점에서, 그리고 이듬해 10월에는 서울 소공동에서 다시 성심당 팝업스토어를 열었다. 결과는 대성공이었다. 이때 협업을 계기로 롯데백화점은 향토 빵집을 매장 안으로 적극 받아들였고, 성심당은 전국적인 인지도를 확보할 수 있었다.

그런데 2010년대 후반이 되면서 대전광역시 유통환경에 지각변동이 예고됐다. 신세계 그룹은 엑스포 과학공원에 '사이언스 콤플렉스'를 건설하면서 백화점 입점을 선언했고, 현대백화점 그룹 또한 유성구 용산동 일대에 현대프리미엄 아울렛을 건설하겠다고 발표했다. 대전 유통업의 무게 중심이 순식간에 대전의 북쪽 신도시로 옮겨갈 것이 명확해 보였다. 2000년에 문을 연 대전 롯데백화점은 규모로 보나 접근성으로 보나 비교하기 어려울 정도의 열세를 각오해야 했다.

이 시기 이들 유통 대기업들은 성심당을 찾아와 좋은 조건을 제시하며 입점을 권유했다. 그러나 성심당은 이들 제안에 선뜻 응할 수가 없었다. 성심당은 이미 롯데백화점과 파트너십이 있었기 때문이다. 두 회사가 합을 맞추며 함께 성장한 기억이 뚜렷하다. 성심당은 롯데백화점의 입장을 먼저 고려하는 것이 기업의 경영철학에도 부합한다고 결론을 내렸다.

롯데백화점이 대전에 백화점 개점 20주년이 되는 2020년을 목표로 준비한 카드는 바로 '성심당 리뉴얼'이었다. 타 백화점에는 없는 콘텐츠인 성심당에 집중하자는 계획이었고, 거기에 성심당도 적극 호응했다.

성심당은 2014년부터 지하 매장에 베이커리와 1층에 케익부띠끄를 운영하고 있었다. 백화점은 고객 접근성이 가장 좋은 1층을 성심당이 사용할 수 있도록 내주었다. 흔히 백화점 1층은 명품 매장을 내세우는 것을 생각하면 엄청난 파격이었다. 또 성심당만의 영업시간과 이용객의 편의를 극대화하기 위해 성심당 전용 출입구도 마련했다. 매장 면적이 넓어진 만큼 걱정도 컸다. 특히 갑작스런 코로나19 바이러스의 확산으로 백화점을 찾는 사람들이 급감하며 대규모 확장을 앞둔 성심당의 불안감도 커졌다. 게다가 주로 명품관이 위치하는 백화점 1층에 빵집이 들어서는 것이 너무 파격은 아닐까 하는 걱정도 앞섰다. 남다른 기획이 필요했다. 성심당의 정체성과 브랜드를 한 곳에서 경험할 수 있는 복합공간인 동시에, 백화점이라는 특수 공간의 벽을 허물어 대전 시민 누구나 편안하게 방문할 수 있게 하자는 게 성심당의 목표였다. 튀김소보로 생산 과정을 직관할 수 있는 '튀소팩토리', 현장에서 직접 만드는 '라이브 샌드위치', 천연발효 건강빵인 '성심당 밀방앗간', 감성충전 카페 '오븐스토리'까지 성심당의 거의 모든 라인업이 롯데백화점에 자리를 잡았다. 한 곳에서 성심당을 모두 누릴 수 있는 이 매장의 이름은 '성심당 시그니처 스토어'로 정했다.

롯데백화점의 성심당 시그니처 스토어는 두 달간의 리뉴얼 과정을 마치고 2020년 6월 1일 문을 열었고, 성공적으로 안착했다. 넓은 매장과 편리한 이용 덕분에 현재는 가족 단위의 방문이 가장 많은 매장으로 손꼽힌다. 2025년에는 백화점 지하에 카페를 겸하여 더 넓어진 케익부띠끄와 옛맛솜씨, 딸기시루 전용 매장을 준비하고 있다.

성심당문화원

성심당이 전국적으로 알려지면서 찾아오는 손님도 꾸준하게 늘어났다. 손님들의 수요에 대응하려면 생산능력을 높여야 하고, 그만큼 사람도 많이 뽑아야 한다. 그래서 성심당은 언제나 공간 부족 문제에 시달린다. 그런데 2020년 코로나19 팬데믹을 거치는 동안 희소식 하나가 날아들었다. 성심당 본점에서 50미터 거리에 있는 고시텔 건물이 적당한 가격에 매물로 나온 것이다. 자주 있는 기회가 아니기에 성심당은 얼른 그 건물을 매입했다.

이 공간을 어떻게 이용할 것인지를 두고 내부에서 토론이 이어졌다. 직원 휴게실과 직원들의 사물함을 놓자는 의견부터 기존 건물을 허물고 주차빌딩을 새로 세우자는 의견까지 다양하게 제시됐다. 기존 공간으로는 감당하기 어려운 기능들을 새 공간이 소화하게 하자는 의견이 많았다. 하지만 급하게 결정하기보다는 시간을 두고 논의를 발전시키기로 했다.

어느 정도 시간이 흐르자 성심당의 가치를 담아내는 공간이 있으면 좋겠다는 의견이 생겨났다. 멀리서 일부러 성심당을 찾아온 손님들과 느긋하게 시간을 보내고 성심당의 가치를 공유하고 소통하는 공간이 필요하다는 시각에 힘이 실렸다. 그렇게 도출된 게 바로 '문화원'이었다.

새로운 공간을 '문화원'으로 만들기로 결정내린 뒤, 어떻게 이 공간을 탈바꿈할 것인가 하는 고민이 이어졌다. 고시텔이었던 건물을 완전히 허물고 처음부터 설계하는 것이 제일 쉽고 효율적이면서 효과적인 방법이지만, 철거 방식은 폐자재 쓰레기 등 수많은 환경문제를 야기한다. 지구환경을 중요하게 생각하는 EoC 기업에 이 방식은 어울리지 않는다고 생각했다.

성심당은 기존 건물의 스토리를 존중하면서 환경 부담을 최소화하기 위해 리모델링하는 방법을 택했다. 한정된 공간에서 성심당의 가치를 담아내야 했기에 쉽지 않은 과제였다. 멋지고 세련된 공간을 만들고 싶은 욕심과 잘 해내야 한다는 부담감이 공존했다. 돌이켜 보면 2005년 화재가 난 직후 본점을 리모델링할 때도 비슷한 상황이었다. 지극히 한정된 예산으로 의미 있는 결과를 만들어 내야 했으니까. 김미진 이사는 '성심당의 본질'에 천착하면서 실마리를 풀었다.

성심당문화원은 성심당의 정체성과 EoC 기업이 추구하는 가치를 시민들과 공유하고 소통할 수 있는 공간이 되길 바랐다. 공사는 2021년 8월부터 2022년 5월까지 약 10개월 동안 진행됐다. 방과 방을 가로막은 벽은 모두 허물고 천장도 들어냈다. 건물 외벽은 노출된 콘크리트를 기준 삼아 빨간색 벽돌을 차곡차곡 쌓아올렸다. 공간 구석구석은 최대한 재활용품을 활용하기로 했다.

성심당문화원은 2022년 5월 1일 문을 열었다. 지하층부터 3층까지는 공간 명칭에 '메아리'를 붙였다. 지하는 '메아리곳간', 1층과 2층은 '카페 메아리상점', 3층은 '메아리라운지'다. 메아리는 산이나 벽에 부딪혀 되돌아오는 소리다. 우리가 자연에서 얻어 쓰는 다양한 자원도 최대한 되돌려 다시 사용하자는 취지를 담았다. 지하 메아리곳간은 참새가 방앗간을 그냥 지나치지 못하듯이 빵을 산 손님이 방앗간처럼 들러서 편안하게 쉬어 가는 모습을 상상하며 만든 공간이다.

1층 카페 메아리상점은 성심당의 감성을 담은 다양한 리사이클 굿즈를 만나볼 수 있다. 튀김소보로를 튀긴 콩기름을 재활용한 자원순환 튀소비누, 밀가루 포대를 리메이크한 토드백 등이 인기가 많다. 2층은 누군가의 이야기가 담긴 다양한 물건들이 새 주인을 기다리는 곳이다. 빈티지 감성이 돋보이는 자연친화적인 제품들, 그리고 세계 각지에서 수집된 매력적인 굿즈들이 진열돼 있다. 3층 메아리라운지는 소통하는 공간이다. 성심당 빵과 케이크를 직접 만들어 보는 프로그램, 빵과 함께하는 어린이 에코 워크숍이 정기적으로

열린다. 다양한 주제의 세미나와 토론회가 열리는 공간이기
도 하다.

4층과 5층은 '갤러리 라루'다. 성심당의 정체성과 가치
를 표현하는 문화원의 핵심 공간이다. 1950년 겨울 흥남부
두 철수 작전 때 성심당의 창업주 가족이 승선한 마지막 배
메러디스 빅토리호의 선장 '레너드 라루'를 기념하기 위해
갤러리의 이름으로 채택했다. 이곳에 개관 기념전으로 조동
환·조해준 부자의 구술 드로잉 작품전 <연결 – 시간을 잇
다>가 전시 중이다.

문화원 곳곳에는 시간여행을 훌쩍 떠날 수 있는 물건들
이 배치되어 있다. 도시 재개발로 철거를 앞둔 선화동성당에
서 옮겨온 종과 스테인드글라스, 버려질 뻔한 자개농 문짝
들이 정겹게 자리잡고 있다. 김미진 이사가 오랫동안 사용한
오크 책상, 대전역에서 실제로 사용하던 빵 포장 매대, 오븐
스토리에서 처음 사용한 커피머신, 1960~1970년대 배달
에 사용했던 자전거, 옛날 믹서기로 만든 테이블, 파티션으
로 재사용한 케익부띠끄의 오래된 문짝 등을 발견하는 재미
도 쏠쏠하다. 모두 예전에 성심당에서 직접 사용했거나 누가
버린 것을 길에서 수집한 물품들이다.

이처럼 문화원을 세심하게 관찰하다 보면 성심당의 마
음씀씀이를 느낄 수 있다. 흘러간 시간과 거쳐간 사람들에

대한 존중과 애정, 위기에 빠진 지구 환경에 대한 안타까움 같은 것들 말이다. 아울러 이 모든 메시지를 촌스럽거나 어색하지 않게, 세련되면서도 소박하게 표현하고 전달하는 성심당만의 미학도 함께 확인할 수 있다.

254 ▶

7

노동이 관계로

성심당의 하루

성심당의 하루는 어떻게 시작될까? 성심당 매장 중에서 가장 먼저 깨어나는 곳은 대전역점이다. 오전 7시에 가장 먼저 문을 여는 대전역점에는 '야간 출근자'가 있다. 밤 10시에서 12시 사이에 출근해서 이튿날 작업(성형, 도너츠, 오븐 등)이 원활하게 시작될 수 있게 준비하는 이들이다. 반죽조는 새벽 5시, 오픈 담당직원은 새벽 6시쯤에 출근한다. 튀소 반죽이 콩기름에 튀겨지기 시작하는 시간도 이때쯤이다.

나머지 매장은 대개 새벽 5시경에 반죽조가 출근하면서 하루 일과가 시작된다. 미리 받아 놓은 주문 수량이 많으면 시간이 앞당겨질 수도 있다. 공장을 움직이는 생산 직원 중 각 파트를 책임지는 상급자들은 6시 30분경에 출근해서 하루 일과를 미리 챙긴다. 생산 직원들의 출근시간은 7시다.

매장 오픈조도 7시에 출근한다. 포스(POS)에 현금을 채워 넣고 유리창을 닦고 진열대도 정리한다. 매장 마감조는 보통 오후 1시경에 출근한다. 아침 조회는 7시 40분에 열린 다. 파트간에 정보를 교환하고 협조 사항을 공유한다. 조회 가 끝나자마자 매장 직원들이 갓 나온 빵을 진열한다. 8시 정 각 종소리와 함께 매장 문이 열린다. 매장은 성심당 직원들 의 힘찬 목소리와 함께 문을 연다.

"반갑습니다, 성심당입니다!"

성심당은 연중 무휴로 돌아가지만 직원들은 주 5일 근 무를 원칙으로 한다. 휴무일은 각 파트별로 정해서 지킨다. 직원은 크게 매장 직원과 생산 직원으로 나뉜다. 성심당의 하루 일과는 노동에서 시작해 노동으로 끝난다고 요약할 수 있다. 반죽, 발효, 성형, 오븐 굽기, 마무리까지 이어지는 일 련의 과정에서 제빵사들은 한눈 팔 틈이 없다. 발효실의 온 도 1도에 따라, 오븐에서 구워지는 시간 1초에 따라 빵은 전 혀 다른 맛과 모양을 가질 수도 있기 때문이다.

빵 만드는 노동은 오후 늦게까지 잠시도 멈추지 않는다. 매일 손님들과 만나는 제품만 300여 종이 넘는다. 2024년 6월 현재 제빵은 130종, 제과는 124종, 전통과자는 56종에 달한다. 마치 야구에서 타자들이 타순에 따라 타석에 들어서 듯이 이들 제품도 시간대에 따라 순서표를 받아들고 오븐 앞 에 줄을 선다.

매장은 긴장의 연속이다. 최근에는 평일 아침부터 손님

이 몰리면서 안전 문제도 신경을 써야 한다. 매장 안 손님 숫자를 일정하게 유지하는 것이 중요하다. 움직임이 둔화되거나 동선이 엉키지 않도록 매의 눈으로 관찰해야 한다. 대기줄이 길어지면 매장 직원의 업무는 외부로까지 확장된다. 추운 겨울에는 곳곳에 온풍기를 설치하고, 더운 여름에는 햇빛을 가려줄 우산과 이동식 에어콘을 가동한다. 대기 줄 때문에 이웃 매장이 피해를 입지 않도록 중간중간에 간격을 유지하는 것도 중요하다.

성심당은 1년 365일 중 단 하루, 전 직원 워크숍 때 말고는 문을 닫지 않는다. 명절이나 연휴에도 정상 근무한다. 직원들의 업무시간은 기준에 맞춰 관리하고 있다. 성심당은 2011년 롯데백화점에 입점할 때부터 제과업계에서 가장 먼저 주 5일 근무제를 도입했다. 2014년에는 노사발전재단의 지원을 받아 시간선택제 일자리 컨설팅을 받고 '일터 혁신 최우수 기업'에 선정되기도 했다.

성심당의 하루는 마치 시계의 톱니바퀴처럼 치밀하게 또 유기적으로 굴러간다. 정오에서 오후 1시경 마감조가 출근하는데, 그때 새벽 오픈조와 아침 출근조가 점심 식사를 시작한다. 마감조는 오픈조가 식사를 마치고 매장에 돌아오면 교대로 식사를 한다. 성심당의 점심은 대략 오후 서너 시에 마무리 된다. 성심당은 직원식당을 매장별로 따로 운영하고 있다. 식당의 콘셉트는 '집밥'이다. 밥이 기본이고 집에서 먹음직한 반찬들이 주를 이룬다. 직원 휴식 공간도 제공한다. 개인 사물함과 탈의실은 물론 화장실, 그리고 간단한 샤워시설과 안마기도 구비되어 있다. 2024년에는 직장 내 어린이집이 완공됐다. 빵집 특성상 이른 시간에 출퇴근하는 직원이 많다 보니 어린이집의 등하원 시간도 직원의 출퇴근 시간에 맞추어 운영한다. 결혼과 출산을 미루는 추세에 마음 놓고 아이를 키울 수 있는 환경을 제공하고자 하는 취지로 건립된 어린이집은 개원과 함께 '역시 성심당'이라며 대중의 관심을 받았다.

점심 식사 후부터 오후 8시까지가 하루 중에 가장 바쁜 시간이다. 일반적으로 저녁 식사가 끝나가는 오후 8시가 되면 매장의 손님 숫자도 줄어들기 시작한다. 최근에는 야간 작업이 많아졌다. 아침 오픈런이 잦아진 탓에 준비해야 할 업무가 크게 늘어났기 때문이다.

성심당 매장의 마감 시간은 밤 10시다. 대전역점은 10시 30분에 문을 닫는다. 마감 시간이 다가오면 마감조 직원들의 발걸음은 오히려 바빠진다. 하루 종일 매대를 가득 메웠던 빵들이 어느새 듬성듬성하게 남아 있다. 통째로 비어 있는 진열대도 눈에 띈다. 손님들의 발길이 마침내 끊길 즈음 작은 종이 뎅그렁 울린다.

"내일 또 뵙겠습니다!"

출입구를 닫은 직원들이 빈 박스를 들고 남아 있는 빵들 앞에 서서 무슨 빵이 얼마나 남았는지 일일이 체크하며 정성 스레 박스에 담는다. 이 박스는 일과 시간 중 네 시간마다 포장된 다른 박스들과 함께 후원빵으로 분류돼 내일 아침 이웃에 전달될 것이다. 이 후원빵은 68년째 하루도 빠짐없이 이어오는 성심당의 본질이다. 또 다른 직원은 매장 바닥을 쓸고 닦기 시작한다. 계산대 너머 조리 공간도 청소가 한창이다. 마감 조장은 포스를 정리하며 현금과 영수증을 분류한다. 마감조 직원의 임무 중 하나는 이튿날 아침 오픈조가 출근과 동시에 바로 작업을 시작할 수 있도록 공간과 시설을 정리하는 것이다.

정리가 다 끝나면 조장 인도로 종례를 한다. 공유해야 할 정보를 나누고 조장이 내일 일정을 예고한다. '수고했다' 는 격려를 서로 나누며 퇴근길에 오른다.

노동과 사랑

노동 문제를 다룬 문학 작품은 많다. 그중에서도 노동의 본질과 진정성을 톨스토이만큼 아름답게 묘사한 작가가 또 있을까. 톨스토이는 그의 대표작 <안나 카레니나>에서 주인공 레빈이 풀 베는 장면을 상세하게 묘사했다. 레빈은 영주였지만 지주로 군림하기보다는 농장 경영을 혁신해 농부들과 그 이익을 나누고 싶어 했다. 그러나 농부들은 지주인 레빈에게 곁을 주지 않았다. 레빈은 진심이었지만 그 마음을 농부들에게 보여줄 방법을 찾지 못했다.

별다른 방법을 찾지 못한 레빈은 농부들과 함께 풀베기에 몰두했다. 특별한 목적을 가진 행동은 아니었다. 농부들의 노동에 그저 동참한 것이다. 그러나 그때 레빈은 놀라운 경험을 하게 된다. 풀베기, 즉 노동에 몰입하면서 레빈은 시간의 흐름을 느끼지 못하는 경지에 이른다. 그는 아침부터 정오까지 풀을 벴지만 누가 그에게 얼마나 베었는지 묻는다면 30분쯤이라고 대답할 만큼 몰입했다. 톨스토이는 그 장면을 이렇게 묘사했다.

낫이 저절로 풀을 베었다. 그것은 행복한 순간이었다.

(중략)

레빈은 오랫동안 베어나갈수록에 따라 더욱 자주 무아경의 순간을 느끼게 됐다. 그런 때에는 이미 손이 낫을 내두르는 게 아니라 마치 낫 스스로 끊임없이 자기를 의식하고 있는 생명에 찬 육체를 움직이고 있는 듯했다. 마치 요술에 걸리기라도 한 것처럼, 그에 대해 아무 생각을 하지 않는데도 일이 정확하고 정밀하게 저절로 되어가는 것이었다. 이런 때가 가장 행복한 순간이었다.

레빈은 노동에 몰입할 때 엄청난 행복을 느꼈다. 그러나 그것이 전부가 아니었다. 더 놀라운 일이 그 다음에 이어졌다. 그가 그토록 바라던 농민들과의 소통이 바로 그 순간 가능해진 것이다. 레빈은 농부들 곁에 자리를 잡았고, 농부들 또한 그들 주인을 어려워하지 않았다. 레빈은 나이 든 농부의 집안 이야기에 귀를 기울였다. 그 이야기가 얼마나 재미 있었는지 "그는 형보다 영감이 더 가깝게 느껴졌다."

　　　　　　　　　　　－톨스토이, <안나 카레니나> 중에서
　　　　　　　　　　　　　　　　　(문학동네, 역자 박형규)

　　톨스토이는 "인간이 얻는 최고의 행복은 사람들과의 융합과 일치"라고 생각했다. 그리고 그 일치는 함께 노동할 때 가장 잘 이루어진다고 믿었다. 톨스토이가 보기에 노동은 사람과 사람이 중간에 아무 장애도 없이, 아무 선입견도 없이 만나서 소통할 수 있게 만드는 일종의 의식이었다. 그의 이런 신념은 <바보 이반>이나 <사람은 무엇으로 사는가>와 같은 수많은 작품에 반영되어 있다.

성심당을 칭찬하는 목소리가 많다. 창업과 함께 시작된 나눔의 실천과 지역사회에 대한 헌신, 그리고 눈부신 혁신과 위기 극복으로 대전뿐만 아니라 우리나라 최고의 빵집에 오른 과정은 아무리 칭찬해도 부족함이 없다. 2024년 초에는 성심당의 전년도 영업이익이 대기업을 앞질렀다는 뉴스로 화제가 되기도 했다. 하지만 우리가 아는 이 정보들이 성심당의 전부는 아니다. 기업은 경영자만 잘하면 만사형통으로 굴러가는 단순한 조직이 아니다. 구성원들을 하나로 묶어 내는 조직문화가 건강하고 튼튼해야 한다.

성심당의 중심에는 '노동'이 있다. 사장부터 말단 직원에 이르기까지 성심당 사람들은 하나같이 우직하게 일한다. 그 노동을 소중하게 여긴다. 성심당에서 노동은 착취와 소외의 수단이 아니다. 더 많은 노동이 필요할 때는 말단 직원에게 미루는 대신 상급자가 먼저 나서서 떠안는다. 직원 인사고과의 40%를 차지하는 항목이 '사랑'인 것도 성심당의 노동 중심 경영에서 비롯됐다. 사랑을 실천하는 노동 현장은 사람들에게 새로운 차원의 삶을 경험하게 한다. 레빈이 풀베기를 통해 비로소 농부들과 깊이 소통한 것과 같은 종류의 '일치'를 경험하게 인도한다.

성심당이 따르고 있는 경제철학 EoC 또한 톨스토이의 노동관과 많이 닮아 있다. 국제 EoC 본부는 'EoC 기업의 경영방침(Guidelines to running a EoC Business)'이라는 문건에서 노동이 직업적인 성장뿐만 아니라 '영적이고 도덕적인 성장의 기회'라고 적고 있다. 노동을 통해 자아를 실현하는 것은 물론이고, 노동자로서, 또 인간으로서 자기 소명을 발전시킬 수 있다는 것이다. 따라서 노동의 질, 즉 어떤 노동을 어떻게 하느냐가 매우 중요하다. 성심당은 돈이 전부인 경제가 아닌 함께 사는 형태의 경제, '사랑을 실천하는 노동'을 통해 모두가 함께 성장하기를 희망한다.

관계재화

성심당의 거룩한 노동은 담장 안에만 머물지 않는다. 성심당 빵은 대전시내는 물론이고 KTX와 고속도로를 타고 전국으로 확산되면서 다양한 '이야기 꽃'을 피운다. '관계재화(Relational Goods)'라는 개념이 있다. 눈에 보이지는 않지만,

공동체 안에 형성된 관계를 심화하고 구성원 간 상호작용을 촉진하는 모든 것을 가리킨다. 성심당의 빵이 대표적인 관계재화다. 대전 바깥으로 가는 출장길 회의장에 튀김소보로나 판타롱부추빵이 등장하면 분위기가 순식간에 밝아진다. 특히 요즘 핫하다는 '시루 시리즈'가 등장하면 사람들 사이에서 탄성이 터져 나온다.

성심당이 오늘날의 인지도를 얻은 밑바탕에도 오랜 기간 축적된 관계재화가 있었다. 대전 사람들은 오래전부터 성심당 일을 '자기 일'처럼 여겼다. 이 책도 성심당을 사랑하는 한 대전 시민 덕분에 쓰게 됐다. 공자는 인구 감소를 걱정하는 초나라 섭공에게 "가까이 있는 사람을 기쁘게 하면 멀리 있는 사람이 찾아온다(近者悅遠者來)"라고 충고했다. 이 말이 대전에서는 자연스러운 현실로 구현되고 있다. '오랜 시간에 걸쳐 축적한 진실된 관계'가 다양한 방식으로 힘을 발휘한 것이다.

성심당의 사훈 '모든 이가 다 좋게 여기는 일을 하도록 하십시오'가 궁극적으로 지향하는 가치 또한 '관계'다. 어느 누구도 소외 없이 포용하면서 건강한 관계를 형성하려고 노력해야 한다는 뜻이다. 그래서 성심당의 관계 맺기는 전방위적으로 일어난다. 대전시의 제안을 받아들여 DCC점을 오픈한 것, 롯데백화점 대전점과 손잡고 리뉴얼 프로젝트를 성

공시킨 것은 이미 앞에서 소개했다.

2021년 여름에는 성심당이 대전의 우송정보대학과 손을 잡았다. 우송정보대학이 신설한 'K-마이스터 스쿨'은 산업체와 학교가 교수진과 실습공간을 공유하는 방식으로 '선취업 후창업'을 달성한다는 목표를 가지고 있는데, 그 일환으로 제과제빵과 내에 아예 '성심당 마이스터 클래스'를 개설한 것이다. 대학은 학생들에게 국내 최고 수준의 현장실습 프로그램과 취업의 기회를 제공하고, 성심당은 숙련된 인력을 안정적으로 수급 받을 수 있는 상생 프로그램이 생긴 것이다. 성심당과 우송정보대학의 협력은 마이스터 클래스 외에도 '성심당 재직자의 직무능력교육', 베이커리 전공 학생 대상 '성심당 임직원의 특강' 등으로 심화·확대되고 있다.

2023년 성탄절에는 성심당 케익부띠끄의 겨울 시즌 대표 상품 딸기시루가 크게 화제가 됐다. 성심당은 오래전부터 제빵 과정에 들어가는 채소와 과일을 산지 직거래 방식으로 확보해 왔다. 딸기시루에 들어가는 딸기는 논산과 전북 무주의 농장 두 곳에서 공급받았다. 농가와 성심당 사이에 상생과 신뢰의 관계를 형성한 것이다. 이 관계가 2024년 3월, 새로운 수준으로 진화했다. 성심당과 충남 논산시가 '상생협력 업무협약'을 맺은 것이다. 개별 농가 단위에서 지역 단위로 관계가 확장된 사례라고 볼 수 있다.

성심당 마이스터클래스

일시 : 2022. 02. 15(화)　장소 : 우송관 4층 교수회의실

　　이처럼 핵심 비즈니스 분야에서 사훈의 기본 정신을 실천하는 것은 당연하다. 성심당은 여기에서 한 걸음 더 들어간다. 눈에 잘 띄지 않는 미세한 분야까지도 사훈의 정신을 적용하기 위해 노력한다. '직원 유니폼 세탁' 같은 작은 분야도 예외가 아니다.

　　2024년 6월말 기준으로 성심당 임직원부터 아르바이트까지 다 하면 총 1,078명이다. 그중에 상당수가 흰색 셰프복 또는 위생복을 입고 일한다. 이 옷은 매일 세탁을 하지 않으면 금방 티가 나고 위생에도 문제가 생긴다. 그래서 오래전부터 이웃 세탁소와 계약해 그 일을 맡기고 있다. 처음에는 성심당 직원 숫자가 많지 않았기 때문에 세탁소 규모가 작아도 아무 문제가 없었다. 그런데 최근 몇년 사이에 성심당의 직원이 늘어나며 세탁 물량도 급격하게 많아졌다. 효율만 따진다면 규모에 맞는 다른 업체를 알아볼 수도 있을 것이다. 그러나 성심당은 그렇게 하지 않았다. 성심당은 그 세탁소와 '함께 성장'하기로 했다. 오래 인연을 이어 온 관계를 소중히 여기기 때문이다.

　　이 세탁소 사장님은 2023년 연로하여 돌아가셨다. 당시 장례 기간 동안 성심당 직원들이 대거 찾아가 줄지어 문상했다. 직원들에게 세탁소 사장은 가족 같은 존재였기 때문이다. 유족들이 깜짝 놀랄 정도로 장례식장이 붐볐다. 지금은 돌아가신 어르신의 아들이 세탁소를 이어받아 성심당 유니폼을 세탁하고 있다. 성심당이 이 세탁소와 계속해서 인연을 이어가는 이유는 명확하다. '모든 이가 다 좋게 여기는 일'이기 때문이다.

성심당이 생산하는 관계재화는 때론 주변으로 흘러넘쳐 새로운 현상을 만들어 내기도 한다. '빵향 평준화'라는 신조어가 그 사례 중에 하나다. 대전의 수많은 빵집 수준이 성심당 기준으로 상향 평준화됐다는 뜻이다. 음악에서 특정 시기에 특정 장르의 뮤지션들이 집중적으로 활동하고 대중이 이들에게 열광적으로 반응하는 모습을 두고 '씬(Scene)이 형성됐다'고 표현한다. '메탈씬(헤비메탈 음악이 유행하는 현상)'이니 '홍대씬(홍대 인근에서 인디음악이 융성하는 현상)'이니 하는 이름들이 그렇다. 이 작명법을 빌리면 지금 대전에는 '제빵씬'이 형성되고 있다고 말할 수 있다.

대전의 제빵씬을 이끄는 주역들은 '성심당 출신 제빵사들'이다. 성심당에서 경력을 쌓은 제빵사들이 독립해서 자기 가게를 여는 것이다. 성심당은 소속 제빵사들의 성장을 적극적으로 지원한다. 유명 셰프를 초대해 세미나도 열고, 해외에서 주요 행사가 있을 때 직원들을 출장 보내기도 한다. 그들이 자기 꿈을 위해 독립하려 할 때도 만류보다는 응원하는 편이다. 제빵사의 포기할 수 없는 꿈이 '자기 빵집'이라는 걸

누구보다 잘 알기 때문이다.

　그들 중 상당수가 성심당이 있는 대전에서 창업한다는 사실을 눈여겨 볼 필요가 있다. 언뜻 생각하면 넘사벽 성심당에서 가급적 멀리 떨어지는 게 자기 사업에 유리하지 않을까? 하지만 그들은 대전을 벗어나지 않았다. 실보다 득이 많기 때문이다. 성심당이 가까이 있으니 최신 트렌드를 실시간으로 접할 수 있고, 옛 동료들도 많아서 정보를 공유하는 데도 유리하다. 게다가 외지 손님 때문에 성심당 가기가 번거로워진 대전 시민에게 새로운 대안으로 부상하는 '낙수효과'도 기대할 수 있다. 성심당도 물론 이들 빵집에 우호적이다. 임영진 대표는 시간이 될 때 이들 빵집에 직접 들러 격려도 하고 조언도 아끼지 않는다.

　최근에는 서울 등 타지에서 사업하던 파티시에들이 대전으로 옮겨와 문을 여는 경우도 생기고 있다. 성심당이 있는 대전에서 자기 실력을 제대로 발휘해 보고 싶다는 각오가 대단하다고 한다. 대전에서 성심당은 '최저 기준'이란 말이 있다. 성심당 이상은 해야 빵집 운영이 가능하다는 뜻이다. 이들 빵집은 성심당이 규모 때문에 시도하지 못하는 참신하고 창의적인 도전을 많이 하고 있다. 덕분에 오늘날 대전은 한국 최고의 젊은 제빵사들이 자기 꿈을 펼치는 도시로 변모해 가고 있다.

모두가 행복한 경제를 위해

성심당을 처음 안 건 2010년 가을, 창원의 한 행사에서 만난 대전의 블로거 홍미애 선생님을 통해서다. 내가 '지역 스토리텔링'에 관심이 많다고 하자 홍 선생님은 곧바로 성심당 이야기를 들려주셨다. 대전 시민인 것 말고는 성심당과 아무 관계도 없다는 그 분은 마치 자기 이야기인 것처럼 열정과 성의를 다해 성심당의 과거와 현재를 들려주셨다.

정확하게 말하자면 나는 성심당의 스토리보다는 그 이야기를 전하는 홍 선생님의 눈빛과 표정에 매료됐다. 아무 이해 관계도 없는 동네 빵집 이야기를 하며 어쩌면 그렇게 뿌듯해 할 수 있을까? 당신이 사는 대전에 성심당이 있다는 사실을, 아니 성심당이 있는 대전에 본인이 살고 있다는 사실을 무척 자랑스럽게 여기는 듯했다. 정서와 감정은 얼굴을 마주했을 때 가장 강력하게 전파된다. 불과 십여 분 남짓한 대화였지만 금세 그 열정에 마음을 빼앗겼다.

　　이듬해 초 마치 성지순례하듯 성심당을 찾았다. 처음 마주한 그곳은 과연 '그럴 만한 곳'이었다. 매장에 가득한 생기, 손님들의 편안한 표정, 직원들의 활기찬 목소리와 잘 다듬어진 태도, 홍 선생님에게서 들었던 이야기는 현실에서 매일 실현되고 있었다. 한편으로는 궁금했다. 내가 혹시 한 사람 이야기만 듣고 섣불리 판단한 건 아닐까? 미리 결론을 내려놓고 스스로 짜깁기해서 보고 있는 건 아닐까?

　　그 후로 대전을 자주 가진 않았지만, 가끔 들를 때면 마치 암행감찰이라도 하듯 매장을 둘러보고 직원들을 살폈다. 소공동 롯데백화점에서 팝업스토어를 열 때나 대전역에 새로 매장을 낼 때처럼 뉴스가 있을 때는 은근히 언론과 소셜미디어를 모니터링하면서 성심당의 현주소를 가늠하는 버릇이 생겼다. 늘 궁금했고 관심이 갔다. 다행히 성심당은 꾸준했고, 또 빠르게 성장했다. 급기야 대전의 최고 브랜드라는 명성도 얻었다.

　　이 책을 쓰자는 제안은 2015년 가을에 받았다. 강의 때문에 대전을 오가다가 성심당에서 김미진 이사님을 만난 것이 계기가 됐다. 5년 만에 보는 두 번째 만남이었지만 책 프로젝트는 빠른 속도로 진척됐다. 우리나라 나이 60이면 중요한 전환점이니 성심당도 60주년을 기해 그간의 이야기를 정리해서 후배들에게 물려주는 게 좋겠다는 취지였다. 덕분에 취재와 집필 기간 동안 내게 성심당의 누구든 만날 수 있고, 어디든 출입할 수 있는 면허증이 생겼다.

직접 들여다본 성심당은 또 다른 느낌이었다. 이른 새벽부터 밤늦게까지 불을 밝혀야 하는 성심당의 노동 강도는 상상 이상이었지만 많은 인원이 적정한 노동과 휴식 시간을 유지하며 효율적으로 일을 나누고 있었다. 수십 년간 축적된 노하우는 손님의 요구와 직원의 복지를 모두 지켜 내며 매장 분위기를 건강하게 유지하고 있었다. 업무에 숙련된 고참이 충분히 많고 신입 직원의 이직률도 낮아서 이뤄 낼 수 있는 절묘한 균형이었다.

2016년 1월 4일에 있었던 성심당 60주년 비전선포식에서는 직원들의 목소리를 듣는 동시에 회사가 직원을 대하는 태도도 엿볼 수 있었다. 장기근속 표창을 받은 직원들은 성심당이 가족사에 미친 영향을 언급하며 눈시울을 붉혔고, 회사는 매출액 같은 사업 목표를 제시하는 대신 일터에서 일어난 사랑의 실천 사례를 책으로 묶어 직원들에게 나눠 줬다. 행사 마지막에 임직원 모두가 일어나 한 목소리로 외친 "하나, 우리는 서로 사랑한다. 하나, 우리는 사랑의 문화를 이룬다. 하나, 우리는 가치 있는 기업이 된다."라는 선서문이 특히 인상적이었다. 회사와 직원, 그리고 지역사회가 함께 호흡하는 기업문화를 성심당은 성실하게 추구하고 있었다.

성심당이 따르는 '모두를 위한 경제(Economy of Com-
munion, EoC)' 철학에서 영단어 '커뮤니언(commun-
ion)'은 '친교와 나눔'을 의미한다. 그 뿌리는 십자가 형벌을
앞둔 마지막 만찬에서 예수가 자신의 죽음을 기억하라며 제
자들과 함께 빵과 포도주를 나눈 예식에 있다. 예수가 자기
살과 피를 나눠 제자들이 하나된 것처럼 기업도 자기 이윤만
추구할 게 아니라 사회와 나누고 친교하며 하나가 돼야 한다
는 경제 철학이 '모두를 위한 경제'다.

이 철학은 프란치스코 교황이 취임하면서 '프란치스코
경제(Economy of Francesco)'라는 이름으로 한 걸음 더
나아갔다. 프란치스코 경제는 현재 세계 시장 대부분을 지배
하고 있는 자본주의 경제 시스템이 관계 파괴적이고 지속 가
능하지도 않다고 비판한다. 지금의 시스템에 영혼을 불어넣
어야 한다고 강조한다. 지금보다 훨씬 공정하고 포용적이며
지속 가능한 경제, 나아가 신의 피조물인 생명과 지구 환경
을 착취하지 않고 돌보는 경제가 돼야 하며, 특히 '식물'에서
지혜와 영감을 얻어야 한다고 주장한다.

지구상의 고등 생명체는 약 5억년 전 중요한 선택을 한
뒤 두 갈래길로 나뉘어 진화했다. 그 선택은 생존을 위해 '이
동'할 것인가 아니면 '정착'할 것인가에 관한 것이었다. 전자
는 동물로, 후자는 식물로 진화했다. 얼핏 생각하면 생존에

유리한 환경을 찾아 기민하게 이동하는 것이 훨씬 좋은 방책 같아 보인다. 하지만 결과는 전혀 다르게 나왔다. 지구별에 존재하는 생물의 무게를 '생물량(biomass)'라고 부르는데, 지구 생물량에서 가장 큰 비중을 차지하는 생물종은 식물이다. 브리태니커 백과사전 기준으로 무려 82.4%를 차지한다. 동물은 0.37%에 그쳤고 그중에서도 인간은 0.01%에 불과하다. 생물량 기준으로 지구별의 주인은 명백하게 동물이 아닌 식물이다. 이동이 아닌 정착을 선택한 식물은 어떻게 동물을 압도할 만큼 번성했을까?

식물은 생존에 필요한 에너지 거의 모두를 태양에서 얻는다. 그래서 동물처럼 다른 유기체에 해를 끼치는 방식, 즉 다른 식물을 섭취하거나 다른 종의 동물을 잡아먹을 필요가 없다. 어쩌면 이웃 유기체에 해를 끼치지 않기 위해 태양에서만 에너지를 공급 받기로 한 것일지도 모른다. 물론 식물은 위기나 재난이 닥쳤을 때 다른 장소로 피할 수 없다는 결정적인 약점을 가지고 있다. 이 약점을 보완하기 위해 식물은 '숲'을 이뤘다. 식물을 공격하는 박테리아나 해충이 나타날 때 숲은 일제히 피톤치드 같은 방어 물질을 내뿜으며 대응한다. 식물학자들의 연구에 따르면 식물들은 뿌리를 통해 다른 개체와 적극적으로 소통하고 협력한다.

물론 개체 차원에서도 동물과 완전히 다른 전략을 취한

다. 동물 개체는 잘 움직이기 위해 특별한 '기관'들을 가지고 있다. 전체를 통제하는 뇌와 각종 신호를 전파하는 신경, 에너지원이 되는 심장과 몸 구석구석까지 연결하는 혈관 등이 유기적으로 연결되면서 일사불란한 행동을 가능하게 만든다. 하지만 식물 개체는 뇌와 심장, 허파 같은 특별한 기관을 따로 만들지 않았다. 허파가 없어도 호흡하고, 뇌가 없어도 생각한다. 생존에 필요한 기능들을 개체 전체로 분산시켜 전체가 함께 호흡하고, 느끼고, 사고하는 것이다. 이 전략 덕분에 식물은 개체의 80%가 훼손돼도 생존을 유지하면서 회복 프로그램을 가동할 수 있다. 허파나 심장처럼 주요 기관 하나만 고장나도 죽음에 이를 수밖에 없는 동물과는 비교할 수 없는 생존력이다.

사람은 동물이기 때문에 동물적인 선택이 당연히 익숙하다. 문제가 생겼을 때 힘을 합쳐 해결하기보다는 이동성을 발휘해 (혼자) 피해 버리는 경우가 많다. 카리스마 넘치는 지도자(뇌나 심장 같은 존재)에게 지나치게 의존하다가 그에게 심각한 문제가 생기는 순간 공동체 전체가 몰락하는 사례를 역사 속에서 수도 없이 발견한다. '지역 소멸' 문제도 지역에서 희망을 발견하기 어렵다고 판단한 수많은 사람들이 이동을 선택한 결과다.

물론 모든 사람이 동물적인 선택만 하는 것은 아니다.

지역사회는 '뿌리내리고' 산다는 점에서 다분히 식물적인 공간이다. 때로는 공동체 구성원들이 서로 신뢰하고 협동하면서 문제를 성공적으로 해결하기도 한다. 성심당도 대표적인 식물적 기업이다. 서울 진출 조건으로 대기업의 러브콜이 있었지만 성심당은 끝내 사양하고 대전에 남았다. 원도심이 쇠락할 때 너도나도 새 도심으로 이주해 갔지만 성심당은 원도심을 떠나지 않았다. 화재 사건의 여파로 리더조차 경영을 포기하려 했을 때 직원들이 먼저 일어나 복구의 소매를 걷어붙였다. 화재 후 어렵사리 판매를 재개한 성심당에 대전 시민이 대거 찾아와 재기할 수 있도록 힘을 보탰다. 이익을 좇아 이동하는 대신 우직하게 협력 관계를 맺으며 숲을 이룬 결과가 오늘날의 성심당 모습 아닐까?

성심당이 꾸는 꿈은 단순히 기업의 생존과 번창에 국한되지 않는다. 성심당은 대전이라는 지역 사회, 나아가 우리 사회의 변화를 지향하고 있다. 갈등보다는 화합을, 배제보다는 포용을, 경쟁보다는 협력을, 축적보다는 나눔을 실천하며 우리 사회와 경제 시스템을 변화시키고 싶어한다. 성심당은 그 자체가 '사회 개혁 프로젝트'다. 자본주의의 한계를 절감하고 있는 현대 사회에 성심당은 '모두를 위한 경제'라는 대안적 모델을 보여 주고 있다. 그리고 제2의, 제3의 성심당이 우리나라 경제계에 등장해 함께 숲을 이루기를 바란다.

이 책을 읽는 독자들이 이 꿈에 직간접으로 동참해 주신다면
글쓴이로서 더한 영광이 없겠다.

우리가 사랑한 빵집,
성심당의 8년 후 인사

성심당의 60주년을 준비하며 <우리가 사랑한 빵집, 성심
당>(이하, 우사빵)을 발간한 지 벌써 8년이 되었습니다. 여
러분의 사랑과 관심 덕분에 8년 사이 성심당에는 많은 이야
기가 쌓였고, 60년에 머물러 있는 <우사빵>에 현재의 이야
기들을 보태어 개정판을 내게 되었습니다. 김태훈 작가님 그
리고 출판사 남해의봄날과 다시 만나 으쌰으쌰 힘을 모았습
니다.

　<우사빵>은 성심당의 경영철학과 역사를 알리는 역할
을 했을 뿐만 아니라, 성심인에게 길잡이 같은 책이 되었습
니다. 이런저런 새로운 계획을 세워야 할 때 나침반이 되어
주고, 때론 역사서 역할도 해 주었습니다. <우사빵>을 통해
'우리의 과거가 우리의 미래로 가는 길'을 알려 줄 수 있다는
것도 알게 되었습니다. 지금도 간간이 <우사빵>을 읽고 용
기를 얻었다는 오랜 단골을 만납니다. 대전에서 오랫동안 성

심당과 함께한 분들은 '나도 그때가 기억나요'라며 반가워했습니다. 성심당의 시간에는 많은 이가 함께하고 있었다는 것을 <우사빵>을 매개로 실감하곤 했습니다. 아마 이런 연결은 이 책을 함께 만든 사람들의 마음과 정성이 이룬 결과라고 생각합니다. 성심당에 공감하고 교감할 수 있는 저자를 찾는 과정에서 만난 김태훈 작가님이 성심인들이 풀어낸 지난 시간의 이야기를 구슬 엮듯 하나둘 모아 넘치지도 모자라지도 않게 잘 담아 주었기에 가능했습니다.

지난 8년간 성심당 가족들은 늘 땀 흘려 일하며 새로운 아이디어로 성장의 디딤돌 역할을 해 왔습니다. 그 누구도 예상하지 못했던 '딸기시루'의 대성공으로 케익부띠끄가 비약적으로 성장했습니다. 2016년, 4백여 명이었던 직원도 1천여 명 가까이로 늘어났습니다. 대전뿐 아니라 전국에서 오픈런을 불사하며 대전을 찾는 고객들을 보면서 기쁨과 동시에 두려운 마음이 드는 것도 사실입니다. 받은 사랑이 너무 커서 어떻게 다시 돌려드려야 하나 고민도 커집니다. 대전이라는 도시의 문화와 그 안에 담긴 이야기늘에 관심이 더 많아졌고, 그 마음은 성심당문화원 건립으로 이어졌습니다. 본점에서 열 걸음만 가면 만날 수 있는 성심당문화원은 2022년에 완공되었습니다. 문 닫은 고시원 건물을 오랜 시간 고쳐 성심당 역사와 다양한 지역 문화를 향유하는 소박하지만 정감가는 공간으로 만들었습니다. 이어 DCC에 튀소 전문매장 '튀소정거장'도 오픈했습니다. 또 열심히 일하는 직원들이 결혼과 출산을 하며 맘 편히 아이들을 맡길 수 있도록 '성심당직장어린이집'도 오픈하였습니다.

매장을 오픈하고 리뉴얼 할 때는 늘 설렘과 긴장이 있습니다. 그때마다 '모든 이가 좋게 여기는 일을 하십시오'라는 사훈을 되새기며 '모든 이'가 편안한 마음으로 찾아올 수 있는 따뜻한 가정과 같은 곳이 되고자 했습니다. 외적 성장만큼, 안으로는 '무지개 프로젝트'가 회사 내 경영철학으로 확고히 자리매김하였고, <한가족신문>을 통해 동료 간의 사랑과 내부 소식을 나누며 조직이 커져도 성심인들은 여전히 한가족이 되고자 하는 의지를 굳건히 붙들고 있습니다. 저는 그 모습에서 성심당의 진정한 성장과 발전을 보곤 합니다.

지난 크리스마스에 딸기시루를 사기 위해 새벽부터 전국에서 찾아온 여러분을 보면서 너무나 놀라운 마음에 다만 '감사합니다'라는 말밖에 나오지 않았습니다. 정말 감사드립니다.

오늘도 변함없이 매일매일 갓 구워 나온 빵들을 보며, '오늘 이 빵들은 어느 식탁에 오를까?'라는 행복한 상상을 하며 가족과 친구들 또는 혼자라도 맛있고 즐겁게 빵을 먹는 모습을 그려 봅니다. 빵을 통해 누군가의 기쁨이 되고, 소통의 창구가 되고, 화해가 되길 기도합니다. 우리의 이야기가 작지만 큰 힘이 되기를 기도합니다.

　　마지막으로 성심당의 본질로 존재해 주셨던 창업주(故 임길순, 故 한순덕), 그리고 그저 묵묵히 하루하루를 함께한 성심인들과 성심당을 찾는 여러분께 다시 한 번 깊은 감사를 담아 이 책을 바칩니다.

　　다시 태어나도 빵장수가 되고 싶은

　　대전의 빵마담 김미진 올림 ✳

도서출판 남해의봄날 비전북스 38
우리의 인생에 모범답안은 정해져 있지 않습니다. 대다수가 선택하고,
원하는 길이라 해서 그곳이 내 삶의 동일한 목적지는 될 수 없습니다. 진정한 자유를 위해
용기 있는 삶을 선택한 사람들의 가슴 뛰는 이야기에 독자 여러분을 초대합니다.

우리가 사랑한 빵집

성심당

초판 1쇄 펴낸날 2016년 10월 25일
개정판 1쇄 펴낸날 2025년 3월 14일

지은이 김태훈
편집 정은영 그리고 박소희 책임편집,
천혜란
마케팅 조윤나
디자인 이기준
표지 그림 홍빛나
사진 신승리
인쇄 미래상상

펴낸이 정은영 편집인
펴낸곳 (주)남해의봄날
경상남도 통영시 봉수로 64-5
전화 055-646-0512
팩스 055-646-0513
이메일 books@nambom.com
페이스북 /namhaebomnal
인스타그램 @namhaebomnal
블로그 blog.naver.com/namhaebomnal

ISBN 979-11-93027-43-1 03320